U0360274

| 文治堂 |

玩物采真

中国古代游戏史

A HISTORY OF GAMES IN
ANCIENT CHINA

蔡丰明 著

上海交通大學出版社
SHANGHAI JIAO TONG UNIVERSITY PRESS

图书在版编目（CIP）数据

玩物采真：中国古代游戏史 / 蔡丰明著. —— 上海：
上海交通大学出版社，2025.3
ISBN 978-7-313-30673-9

Ⅰ.①玩… Ⅱ.①蔡… Ⅲ.①游戏—历史—中国—古
代 Ⅳ.①G898-092

中国国家版本馆CIP数据核字〔2024〕第103452号

玩物采真：中国古代游戏史
WANWU CAIZHEN: ZHONGGUO GUDAI YOUXISHI

著　　者：蔡丰明

出版发行：上海交通大学出版社　　　　　地　　址：上海市番禺路951号

邮政编码：200030　　　　　　　　　　　电　　话：021-64071208

印　　制：上海颛辉印刷厂有限公司　　　经　　销：全国新华书店

开　　本：880mm×1230mm　1/32　　　印　　张：10

字　　数：212千字

版　　次：2025年3月第1版　　　　　　　印　　次：2025年3月第1次印刷

书　　号：ISBN 978-7-313-30673-9

定　　价：78.00元

序言

  游戏是人与动物的本能，为生命之需要，是身体生物性的需求，也是社会生活的需求、文化艺术创作的需求，在今天还是庞大的经济发展的需求，甚至是人工智能所竞争的焦点之一。这些研究已经有大量的结论，不需要在这里详细讨论。但是在现实中，却又存在大量的对游戏这种雅俗共赏的行为的误解，认为游戏是不中用的东西、不真实的东西，予以负面评价。沉迷游戏是一个问题，但这不是游戏的过错，就像酒是一种令人兴奋的饮品，但过度饮酒，酗酒闹事，那不是酒本身的问题，而是人的行为不当。所以我们要规范自己的行为，而不是去怪罪游戏本身。游戏对于人类和动物世界极为重要，这是我们认识游戏传统的一个基本前提。

  游戏的功能不一而足，但首先是一种文化传统，是一种民俗行为。因此，民俗学界应该予以关注，应予以研究，这也是民俗学家的本位工作。中国民间文学与民俗学研究的开拓者之一杨荫深先生，1930年即出版了《中国民间文学概说》一书，杨先生对游戏也予以高度关注，出版有《游戏娱乐》（世界书局，1946年）一书，对中国围棋等二十余类传统游戏予以梳理，甚至将电影也纳入研究的范畴，这都是海派民俗学追求民俗学本位的传统的体现。这一传统为上海的民俗学家所继承。上海社会科学院文学研究所蔡丰明先生，先是写出了文字版中国游戏史的文本，后纳入上海文艺出版社"中国社会民俗史丛书"以《游戏史》为名出版，一时在社会上引起很大反响。

新时期以来，游戏作为一种文化，作为一种经济生产，在中国社会产生了很大的影响，刷新了人们对于游戏的认知。古代游戏的大宗类型，以体育为名，成为规模盛大的群众文化活动和专业活动，通过电视和网络传播，既成为人们精神生活的重要组成部分，也成为规模庞大的产业。遍及社区和家庭的体育游艺设施，也成为人们的游戏健身实践，增进民众的智力与体力，古代游戏之体育类得到了继承和发展。而智力类、娱乐类的游戏在国外游戏的冲击下也得到了蓬勃发展。中国网络经济发展走在世界的前列，其中网络游戏占据很大的份额，数千亿元级别的经济体量，让人们看到了游戏在中国经济发展中的突出地位。游戏是一种文化生产，游戏产品是一种文化经济产品，已然是当代经济转型中值得关注的问题。

在国外网络游戏的冲击下，国产网络游戏获得长足的进步。像《王者荣耀》这样的国产游戏，使中国传统文化得到了独特的传承。现代游戏不仅是中国传统文化的承载者，还是高科技角逐的战场。当深蓝机器人第一次在国际象棋竞赛中击败人类，让人们感受到传统游戏的模式是一种资源，可以极大地延伸人的智力空间。而阿尔法机器人则在围棋世界大杀四方，围棋作战的方法被机器深度学习，既让人感受到人工智能带来的多方面的危机与压力，也为人类自身的努力奋发增添了动力。由游戏走向实用，这是新质生产力的组成部分。

今天，民俗学家已经开始成为游戏公司的支持力量，这是中国游戏产业走自己的道路，建设中国式现代化的重要路径。但是我们也看到，对中国现代游戏产业、中国现代儿童和成人的游戏、中国传统的游戏资源开发还是远远不够的。中国已经全面进入老龄化时代，老年人口占比达到 20% 以上，截至 2023 年年底，中国 60 岁以上人口接近 3 亿。老年生活如何安度？事实上，棋牌游戏是许多人老年生活的重要内容。人的一生，儿童时代游戏是快乐的陪伴，老年时代又进入银色的游戏时光了，人生何曾与游戏分离，所以游戏是人的生命伴侣。开发优质游戏产品是何等重要！中国游戏要走自己的道路，那就得借鉴中国游戏传统。只有带有中国文化特色的游戏，才可以安抚中国人的文化灵魂。可是长期以来，中国传统游戏的研究，在民俗学界，在游戏行业，都是做得不够的。现在，蔡丰明先生的这一成果，为当代中国游戏产业的发展提供了及时的资源，这是中国民俗学界的一件大事，也是中国游戏行业值得关注的一件大事。我们看到很多产学研合作的游戏专家群名单，民俗学的游戏研究者列入其中很少，这一方面是民俗学整体对于游戏介入不足；另一方面，也是游戏界对于游戏传统开发的重视程度不够。我们非常期待中国游戏界的有识之士与中国民俗学游戏研究专业人士携手合作，共创中国游戏事业的辉煌。

蔡丰明先生的《玩物采真：中国古代游戏史》一书，对于中国传统的游戏资源的梳理细致入微，分类合理，材料翔实。尤其是大量的图片，呈现了中国传统游戏的实像，十分珍贵。本书是游戏文化传承，游戏产业开发的重要参考之书，也是社会民俗历史的知识读物，是当下中国传统游戏文化的知识宝库，所以非常值得游戏界朋友和爱好传统文化的人士的关注。非常希望中国传统游戏能够得到有效开发，得到创新性发展、转化与传承。

很多中国传统游戏，已列入了中国国家级非物质文化遗产代表性项目名录：传统棋类，如围棋、象棋等；体育类，如蹴鞠、抖空竹、秋千等。在国家级非遗代表性项目名录、省市级非遗代表性项目名录中，传统游戏都是一个很大的门类。但是，这些游戏类型多被传统体育、民俗或者其他类型所掩盖，非物质文化遗产保护过程中，由于分类和命名的关系，大多数传统游戏类非物质文化遗产失去了其应该有的文化身份。所以我们也呼吁，在非遗保护的名录调整过程中，考虑给予传统游戏以应有的地位。游戏不仅是生活娱乐所必需，也是生产门类、文化门类，是中国人民传统智慧的结晶，是宝贵的文化财富。因此，传统游戏应该在非遗保护中得到重视。

蔡丰明先生是海派民俗学的代表人物姜彬先生的嫡系传人，是上海社会科学院民俗学学科的带头创始人。其研究紧密贴近民俗本位，贴近城市生活，与大都市文化脉搏一起跳动，与时代文化大潮一起奔涌。蔡丰明先生继承了谢六逸、杨荫深等海派民俗学前辈的传统，将姜彬先生开创的海洋民俗研究、长三角吴越文化研究的传统向前推进，在中国省市社科院系列的民俗学学科中，建立了富有影响力和生命力的学科体系，为地方文化和经济服务，将学术写在中国大地上，这些都是其十分突出的成就。蔡丰明先生是无数默默耕耘的民俗学家的典型代表。我也很高兴，与兄长般的蔡丰明先生有很多的合作，向他学习了很多东西。在多年前那套上海文艺出版社著名的"中国社会民俗史丛书"中，我也有《商贾史》一书参与其中，而那本书的写作，为我们后来提出"经济民俗学"的概念奠定了很好的基础。

在本书出版之际，我非常高兴，写作以上文字表示祝贺。祝蔡丰明先生身心健康，为中国民俗学学科发展，为中国民俗事业的发展，贡献更多的智慧。

2024 年 7 月 22 日 于云南楚雄

前言

　　游戏是一种与人类关系非常密切的文化现象，世界上几乎没有一个人在一生中没有玩过游戏。当他还在襁褓之中，刚刚学会啼哭、嬉笑的时候，他便时常会拍起手掌，或者蹬动双腿，做出一些最为幼稚，同时也是最为天真可笑的游戏动作；当他背起书包走进学校，成为一名学生的时候，在课余之时与同学们玩的老鹰抓小鸡、捉瞎猫等游戏，更是儿童生活中一些最富有情趣的活动；甚至到了老年时代，在感到孤独和寂寞的时候，许多人也会经常玩一些能引起他们兴趣的游戏。据有关报道，国外的有些商店还专门设有出售老人玩具的柜台，以满足老人游戏的需要。

　　游戏与人类的关系虽然非常密切，但是至今还很少有人来专门探讨游戏问题。游戏在一般人的眼里，经常被看作一种无足轻重、聊以消遣的事物，因此很难在学术研究的殿堂中占有一席之地，更少有人将其汇总成文字，以传后世。当前，随着"文化热"的不断高涨，特别是通俗文化、娱乐文化越来越受到人们的重视，社会上对于游戏这种较为普遍的文化现象也有了重新认识。很多有识之士都逐渐认识到，游戏虽然是一种娱乐性的活动，但是具有重要的文化意义和社会意义，它是人类实现自我价值的一种具体方式，是与人们的社会生活密切相关的一种文化活动。

几年前，我便开始进行"中国古代游戏史"这一课题的资料搜集和分析研究工作。经过一段时间的思考，我发现要做好这项课题并非想象中那么简单。游戏的本质是什么？游戏的主要特点以及中国游戏的发展规律是什么？中国游戏与中国社会究竟有哪些方面的联系？它们的内在根据及形成原因又是什么？这些问题都必须予以回答。然而这些问题又大都很少为前人所论及。在参阅了大量的资料，并经过了反复的思考和研究以后，我对游戏问题的认识总算有了一个较为清楚的轮廓，这主要包括如下几个方面。

第一，对于游戏本质的认识。我认为，游戏的本质是一种出于人的生理需要而产生的玩乐活动。人都有玩乐的天性，这种玩乐的天性是由人的本能性生理需求所赋予的。我国的文化心理学专家指出，动物运动系统的新陈代谢和生长发育，从内部要求动物不断地运动，使动物产生一种运动欲。这种欲望一般在物质追求的实际活动中得到满足。当实际的功利性活动暂时不能满足内在的运动欲时，动物就会自发地表现出"无目的"的运动。当功利性的活动过量时，机体必然要求紧张后的松弛，这时动物也会表现出消闲式的"无目的"运动，以使肌体内部得到调整和休息。①

这种"无目的"的运动便是游戏产生的生理机制。也就是说，游戏是人们为了满足生理上的运动欲而产生的一种本能性活动，它

---

① 刘晓纯：《从动物快感到人的美感》，山东文艺出版社，1986 年版，第 89 页。

是没有什么特定的功利性的。

第二，对于游戏特点的认识。游戏的基本特点，我认为主要有三个方面：一是娱乐性。游戏的过程及结果会对人的精神具有重要的影响，即使人在情绪上感到快乐。经过了一定的游戏活动后，人便会产生愉悦、舒适、兴奋的感觉，得到一种精神上的满足。中国古代社会中有无数人喜欢游戏，甚至连皇帝及高官达人和闲雅的文人们都会对游戏情有独钟，所追求的正是游戏活动本身的这种娱乐性。二是规则性。游戏是一种受一定规则制约的娱乐玩耍活动，这是游戏的一个非常重要的本质特征。所有游戏都必须在一种事先规定的、为大家所遵守的规则中进行，否则它就不能称之为游戏，例如，中国古代节日习俗中有诸多娱乐活动——蹴鞠、击球、射箭、斗草、登高、走月等。其中，蹴鞠、击球、射箭、斗草等都有一整套固定的活动规则，因此都是一种游戏活动；而登高、走月等虽然也具有娱乐性，但却因带有较强的随意性而不能称其为游戏。三是文化性。游戏虽然是人的一种本能活动，但却又有着重要的文化性。这种文化性主要表现在人们在从事游戏活动的时候，已经把自己的主观精神和价值取向融入了游戏之中。人们常常按照自己的要求、目的来设计和进行游戏活动，因此，人的游戏活动体现了一种人的本质力量，具有一种重要的文化意义。据一些文化人类学家的考察，一些高等动物也有与人相似的"游戏"活动，如小狗、小猫在闲着时会玩弄滚动木棍或抓取物体的游戏；母猴在闲着时也常常会把自己的幼猴高高举起来嬉戏逗乐而成为一种独特的"逗子"游戏。但是这些动物游戏并无任何体现自我价值的意义，因此没有什么文化性可言。

只有人类游戏才是一种具有文化学意义的娱乐活动。

有了以上一些对于游戏特点的基本认识，我们就比较容易把握游戏的内涵，并且比较容易在游戏与其他文化形式之间画出一条较为明确的分界线。比如，我们可以以此分辨出游戏与体育锻炼、游戏与文艺表演、游戏与一般娱乐活动之间的区别所在。我认为，这对于本书的写作无疑是非常必要的。

第三，对于中国游戏的发展历史及其与中国社会关系的认识。中国的游戏史源远流长，如果从有史记载的先秦时代的斗鸡、走狗、六博、踏鞠等古老游戏形式算起，中国的游戏已经有三四千年的历史；如果从地下发掘的考古材料来看，中国的游戏史更是一直可以推演到遥远的原始时代。在这样一个绵延数千年甚至上万年的历史过程中，中国的游戏经历了诸多重要的发展阶段，每个阶段中都会呈现新的游戏形式和游戏特点，它们构成了一部长长的、色彩绚丽的中国游戏史画卷，真实反映了中国古代人民在人类文化史上的许多独特创造和卓越贡献。

如果从更为广阔的角度来审视，我们还会发现中国古代游戏史并不是孤立地产生和发展起来的，它与中国古代的社会史、生活史、民俗史密切地结合在一起，与社会史、生活史、民俗史之间存在着千丝万缕的联系。中国古代社会中特殊的社会条件、社会背景和社会环境，很大程度上决定了中国古代游戏活动的存在方式、发展方向和基本特点，而中国古代社会中各种独特的游戏活动，又会在各个层面上影响和作用于社会，使古代社会中的政治、经济、文化和生活或多或少地发生一定的变化。因此，一部游戏史，不仅是游戏活动本身的历史，同时也是与社会生活各方面密切相关的社会生活史、社会文化史。只有本着这样的理解，才能使中国古代游戏史的研究具有宏观性和全面性。

以上只是我对游戏和游戏史方面的一些非常粗浅的认识，但既已成为较为成型的认识，我便要把它们融入整本书的写作中去，并在阐述相关内容时贯彻体现上述思想。至于它们是否正确，是否完全能够得到读者们的赞同，就只有敬请读者评价了。

目 录

游戏的历史：从十万年前的石球说起

一 远古先民的游戏

中华民族是一个具有古老历史的民族，生活在旧石器时代的北京人，距今已有约 70 万年到 20 万年，生活在新石器时代的仰韶人和河姆渡人，至今也已有约 7 000 年到 5 000 年的历史。古老的中华民族在进入有史社会以后，经历了夏商周、春秋战国、秦汉、魏晋、南北朝、隋唐、宋元、明清等多个朝代，在这些朝代不断的更替变换中，中华民族逐渐成为一个强大、繁盛的民族，也创造了无数光辉灿烂的文化。

在中华民族的成长史上，游戏一直是一种重要的文化活动。早在茹毛饮血、穴居巢处的原始时代，先民们就有拉着牛尾巴唱歌跳舞，或者围着打来的猎物手舞足蹈的情景，或许这些便是最为原始的游戏形式。到了奴隶社会以后，一些较为简单的，但又较具刺激性的游戏形式被逐渐创造出来，诸如斗鸡、走狗、六博等，都是当时社会上十分流行的游戏形式。在长达 2 000 多年的封建社会里，中国的游戏更是有了非常广泛的发展，各种新型的游戏形式不断涌现出来。它们受到社会各阶层的广泛喜爱，人们常常为玩游戏而废寝忘食，甚至达到痴迷入魔的程度。

根据中国古代游戏在不同时期的形式特点和演变发展的具体情况，可把中国古代游戏的发展历史大致分为原始时期的游戏、先秦时期的游戏、汉魏时期的游戏、唐宋时期的游戏、明清时期的游戏等阶段。

1976 年，考古学家在山西省阳高县许家窑村的文化遗址中，发掘出了 1 500 多个石球，这些石球重的为 2 000 克，轻的为 90 克，共计重量有 10 余吨。据考古学家们证实，这些石球均为 10 万年前的人类所打制。那么，它们在当时究竟是有何用处呢？这个问题引起了专家们的兴趣。一些考古专家在经过了一番分析研究之后认为，它们可能是原始时代的先民们用以打击敌人或捕猎野兽的工具。但是，同类的石球在其他一些文化遗址中也不断被发现，特别是陕西省西安半坡的母系氏族公社时期村落的遗址中发现的 3 个石球，是在一个三四岁女孩的墓葬之中，距今大约有 5 600 到 6 700 年的历史。很显然，这些石球已经不仅是狩猎的工具和保卫自身安全的武器，而且也成为一种游戏的工具，因为三四岁的女

石球原本是原始人狩猎时射击野兽用的弹丸，但出土于陕西省西安半坡母系氏族公社时期（距今约 5 600 到 6 700 年）一个墓葬中的几个石球形体轻巧，经过精磨加工，很明显已经从狩猎工具演变为游戏器具。

孩是不大会用石球去击打野兽的。石球由武器变为游戏工具的现象，是与当时生产力的发展和提高密切相关的。在人类发明了弓箭以后，石球的武器功能便逐渐消失，逐渐变成一种人们手中或脚下的玩物，用以互相抛玩、踢弄、嬉戏。中国一些文化学家们也早已看到这一点，如王其慧等编著的《中外体育史》写道："在弓箭发明并得到普遍应用以后，石球便在母系氏族公社的全盛时期开始成为一种游戏工具。"①

石球成为远古先民的游戏工具的事实，在后世的游戏形式中也找到了充分的依据。例如明清时期的儿童游戏中便有一种名叫"踢石球"的游戏形式。玩时先把一石球放在地上，把另一石球放在脚边，用脚把近处的石球向远处的石球踢去，踢中便算赢。这种踢石球的游戏方式很可能也被原始先民们所采用过。

除了石球以外，20世纪80年代初，考古学家们在四川、安徽等新石器时代的文化遗址中，还发现了一些距今5 000多年的陶球。四川出土的陶球用细砂红陶烧制，直径3厘米，空心、薄壳，球面分割成若干对称、均等的三角形和扇形，这与春秋战国时所记载的"宜僚弄丸"的丸铃形象完全一致。②从这些陶球外形上的精美、细致等特征来看，可以肯定它们已经不是一种狩猎的武器，而是一种具有较为明显的游戏功能的玩具。

① 王其慧，李宁：《中外体育史》，湖北人民出版社，1988年版，第6页。
② 弄丸，古代的一种技艺，两手上下抛接好多个弹丸，不使落地。《左传·哀公十六年》载：楚之勇士宜僚，力可敌五百人，居市南，号曰市南子。楚白公胜谋作乱，将杀令尹子西。遣使招宜僚，宜僚正上下弄丸，不为利诱，亦不为威慑，卒不从命。白公不得宜僚，其谋遂寝，白公、子西两家之难因此得解。后因"宜僚弄丸"谓保持中立，排难解纷。出自《庄子·徐无鬼》："市南宜僚，弄丸而两家之难解。"

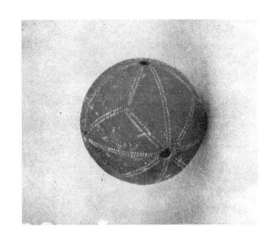

四川川东大溪新石器时代（距今约5 000年）出土的红陶球，直径3厘米，空心、薄壳，球面分割成若干对称的三角形和扇形，线条连结交通，上有小圆孔，是原始先民一种抛掷游戏的器具。

由此可见，早在原始时代，我国的先民们就有了一定的游戏活动，玩球，或许就是他们最早创始，也是最受他们欢迎的一种游戏方式。

二　古老的先秦游戏

——斗鸡、走狗、六博和踏鞠

自公元前21世纪我国历史上第一个奴隶制国家——夏王朝的出现，中间经历了商朝和周朝，直至秦统一中国，总共有近2 000年的时间。在这段漫长的历史过程中，中华民族开始逐渐由野蛮走向文明，社会经济和思想文化也有了很大的发展。特别是周王朝后期的春秋战国时期，随着社会体制由奴隶制向封建制过渡，当时社会的价值观念、道德标准、文化精神和人们的生活态度都发生了很大的变化，人们的思想空前活跃，文化观念和文化需求也呈现了一种多元化的格局。尤其是在战国后期，"士"的人数激增，流派也日益复杂，他们注重实际，讲究功利而不受礼义、道德、法治的约束。有的学派，如杨朱学派和杂家更是公开主张及时行乐，追求声色富贵。如《吕氏春秋·仲春纪》云："古人得道者，生以寿长，声色滋味，能久乐之，奚故？"①这种追求享乐，崇尚声色的社会风尚，为游戏活动在先秦时代的流行和发展奠定了重要的基础。

由于社会思想的活跃和文化娱乐需求的日益增长，先秦时代出现了许多很有特色的游戏活动。《战国策》记载："临淄甚富而实，其民无不吹竽鼓瑟、击筑弹琴、斗鸡走犬、六博蹋鞠者。"记载中所提到的"斗鸡""走狗""六博""蹋鞠"等，都是当时社会中十分流行的游戏活动。

斗鸡是将两只性情凶猛的公鸡放在一起，引诱它们互相啄咬攻击，以此来寻求乐趣的一种游戏活动，这种游戏在先秦时代的王侯贵族府邸中经常可以见到。例如，《左传》中曾记载了一个关于鲁国的季氏和郈氏两个大夫以斗鸡取乐的故事。他们两人为了使自己的鸡能够斗赢对方，还各自采用了一些特殊的方法，季氏在自己的鸡身上披上一件特制的铁甲，而郈氏则在自己的鸡爪子上套上金属做的套子。这样两鸡争斗起来就更为凶猛，也更为有趣了。这种斗鸡方式可以说明当时的斗鸡之术已经是非常发达了。

《庄子·达生篇》中，也有一则有关斗鸡的故事材料，主要讲述的是一个名叫纪渚子的人如何为君王饲养斗鸡的事情。这段文字里谈到为了培养一只合格的斗鸡，要经过长达40天的调教，一直训

① 许维通：《吕氏春秋集释》，中华书局，2009年版，第45页。

到那只鸡"望之似木鸡"的时候，它才真正具有强大的竞斗能力。达到了这种状态的斗鸡，没有哪只鸡敢与它相斗，甚至见到它就会逃走。这段文字材料虽然是庄子在说明道理时提到的，但却反映了先秦时代君王家中斗鸡活动的盛行以及斗鸡条件的优越。实际上，先秦时期的斗鸡游戏不仅在王府和贵族家中十分盛行，即使是在民间也蔚然成风。就前面所引的临淄城中普通群众无不喜欢斗鸡、走狗的文字来看，可见这种游戏活动对先秦时代的各个阶层都有着相当的吸引力。

六博也是一种在先秦时代就已非常盛行的古老游戏活动。六博又称"六簿"或"陆博"，是一种带有一定赌博性的棋类游戏。六博所用的棋子双方各为6枚，6黑6红，又有骰子6枚，故称为"六博"。六博的起源极早，《说文·竹部》云："簿，局戏也。六箸十二棋也。从竹博声，古者乌曹作簿。"[1]乌曹是夏桀的臣子，说明六博这种游戏早在夏朝时就被创制出来了。到了商周时期，六博已经成为一种君王贵族们经常玩的游戏。《史记·殷本纪》中，记载了一则有关商朝帝王武乙与天神玩六博的故事："帝武乙无道，为偶人，谓之天神。与之博，令人为行。天神不胜，乃僇辱之。"[2]意思是殷王武乙曾经制作了木偶人，称其为天神，令人代替天神与他一起进行六博棋游戏。《穆天子传》中，也有一则关于周穆王与井公玩六博的材料："天子北入于邴，与井公博，三日而决。"意思是周穆王曾经与一位叫作井公的隐士进行六博棋游戏，三天都没分

① 王平，李建廷：《〈说文解字〉标点整理本》，上海书店出版社，2016年版，第116页。
② ［汉］司马迁：《史记》，中华书局，1982年版，第104页。

出胜负。这些记载都说明早在商周时期，六博游戏便已在宫廷和上层社会中开始流行了。春秋战国时期，随着商业城市的兴起，六博游戏更是盛行于世，许多先秦文献如《论语》《左传》《庄子》《战国策》《楚辞》等书中，都有不少关于六博的记载，内容涉及君王、诸侯、贵族、大夫、士和平民等各个阶层。特别是在一些像齐国这样的政治上比较开明、文化上比较自由，商业经济比较繁荣发达的国家中，六博这种带有一定赌博性的游戏方式，更是获得了很多人的喜爱。

与六博相关的还有围棋这种古老的棋类游戏活动。《论语·阳货》中云："饱食终日，无所用心，难矣哉！不有博弈乎？为之，犹贤乎已。"[1] 这段话中的"博弈"，指的便是六博和围棋。写于春秋战国时期的《论语》中已经将六博与围棋并称，说明围棋的起源也非常早。与《论语》时代相近的《孟子》中还提到了一个名叫弈秋的人，他的围棋技术非常高超，是当时的一个著名的围棋手。围棋在春秋战国时期的流行与当时的社会背景有很大的关系。春秋战国是我国奴隶制开始衰亡，封建制刚刚兴起的社会大变革时期，也是我国古代史上文化大发展的时期，当时的数学、天文学、军事学以及体育艺术等都有了相当大的发展。因此，弈棋这种与数学、军事学密切相关的攻战布阵斗智的游戏形式，便开始迅速发展起来，并很快成了当时社会上十分盛行的风尚。

先秦时期还有一种重要的游戏活动，那就是所谓的"踏鞠"。踏鞠又叫"蹴鞠""蹙鞠"，其实就是我国最为原始的足球游戏。这种游戏活动早在3 000多年前的殷商时代就已出现。在殷商用来

---

① ［清］阮元：《十三经注疏》（清嘉庆刊本），中华书局，2009年版，第5488页。

占卜的甲骨文字中，已有关于踏鞠之事的记录。如殷墟卜辞云："庚寅卜，贞，乎 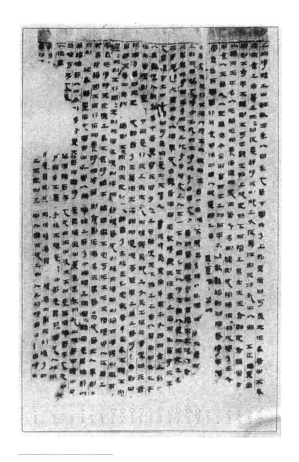 舞，从雨。"[1] 这段话中的" "字就是"鞠"字的初文。过去有些人认为中国的足球是在近代以后从欧洲

[湖南省长沙马王堆西汉墓出土（西汉）]

西汉帛书《十大经·正乱》中，记载了蹴鞠起源于黄帝的传说，文云："黄帝身禺（遇）之（蚩）尤，因而擒之．充其胃以为鞠，使人执之，多中者赏"。认为鞠最早是黄帝战胜蚩尤后用其胃做成的。此说虽诞，但可见蹴鞠历史的久远。

---

[1] 中华人民共和国体育运动委员会运动技术委员会：《中国体育史参考资料（第七、八辑）中国古代球类运动史料初考》人民体育出版社，1959 年版。

引进的，但是实际上早在3 000多年以前我国就有了足球运动的雏形，蹴鞠游戏便是它的最早源头。有的古籍中甚至将我国蹴鞠的起源一直追溯到上古时代。例如，"刘向《别录》曰：寒食蹴鞠，黄帝所造，以练武士，本兵势也。"[1] 把蹴鞠的发明权归属于上古时代的黄帝的说法恐怕是附会之词，但是根据现有的资料来看，蹴鞠活动在商周时期已经开始出现，在春秋战国时期已经十分普及。

先秦时代的游戏从整体上来说样式还并不丰富，玩法也比较简单，它们的风格大都呈现了较为粗犷、原始的特色。如在斗鸡、走狗等游戏中，还多少保留着一些原始狩猎和原始农业时代的遗风。但是它们对于后世游戏的影响非常大，许多古老的先秦游戏样式一直延续到现代仍然盛行不衰，一些古老的游戏规则和游戏技艺，也一直延续到现代还在为人们所沿用。

三 汉魏时期的官家游戏

汉魏时期是中国游戏史上一个承上启下的阶段。这个阶段中的游戏一方面继承了先秦游戏的传统，保留了许多先秦时代流传下来的游戏形式；另一方面又在传统游戏的基础上产生了许多新的形式，它们对于后来唐宋明清时期的游戏产生了重要的影响。

汉魏时期游戏文化上的一种鲜明的倾向是，以封建帝王为首的，由大官僚、大贵族、大地主所组成的统治集团中的游戏活动开展得

---

① ［清］伊秉绶：《谈徵》，中华书局，2020年版，第176页。

非常频繁红火。拥有社会高层权力的人物对于游戏的普遍热衷和爱好，使得汉魏时期的游戏活动带上了浓重的官家色彩。这种倾向的出现与当时社会的政治、经济、思想、文化等方面的条件因素都有密切关系。

秦王朝统一中国以后，中国成为一个大一统的封建国家，皇帝和官僚地主拥有大量的土地，而农民则大量沦为他们的佃客。到了汉代，以皇帝为首的封建统治集团兼并土地，掠夺财富的现象更为严重。他们在经济上贪得无厌，在生活上穷奢极欲，如汉代的汉昭帝、汉宣帝及以后的几个皇帝，大都醉心于享受，在政治上却无所作为。当时的一些世家大族的势力非常大，他们除了竭力扩张自己的政治权力和经济地位以外，在生活上也非常奢靡腐化，这就使得这些豪门大族中的游戏活动普遍兴盛起来。东汉王符在《潜夫论》中指出，当时的富人大都以"游敖博弈为事"；《汉书·食货志》中也谈到当时那些世家大族和豪绅富家的子弟们"或斗鸡走狗马，弋猎博戏"的事实。这些记载充分反映了汉代时期世家大族、豪绅地主们热衷游戏，迷恋游戏的社会风气。

到了魏晋以后，由于门阀制度的确立，大贵族、大地主们的权势得到了进一步的承认和保护，形成了"上品无寒门，下品无世族"的社会政治格局。这些贵族和地主们把持朝政，左右皇室，生活上也更加奢侈腐化，他们酗酒、服药、赌博，甚至争奇斗富，以各种方式来挥霍享受。在这样的社会风气影响下，各种豪奢铺张的游戏活动出现于豪绅大族的门下，当然也就是必然的了。

汉魏时期上层统治集团中流行的游戏形式，主要有蹴鞠、棋戏、斗禽等。

先秦时期就很盛行的蹴鞠游戏，在汉魏时期受到了皇帝和官僚士族们的极大欢迎。例如，西汉时的汉武帝就是一个蹴鞠爱好者。据说他平定西域以后，抓到了一个善于蹴鞠的胡人，这人的蹴鞠技艺相当好，于是汉武帝就让他在大庭广众前表演，并且自己也玩起了蹴鞠游戏。西汉时期的名将霍去病，也是一名蹴鞠爱好者。他奉命到边塞去防卫守备时，还与士兵们一起蹴鞠玩乐，以振士气。汉代帝王贵族们玩蹴鞠之戏时是在一个专门的地方进行的，这就是所谓的"鞠城"，它一般都挖在地下，其目的是不让球滚到很远的地方，免得人

［河南省登封市少室阙画像石（东汉）］蹴鞠早在春秋战国时期就已盛行于世，至汉代时，蹴鞠成了上层统治阶级的一种时尚活动。图为汉代人蹴鞠场面。画面中一人跃起，双臂舞动，以足踢球。右边一人坐榻上，手执一桴，击鼓助兴；左边一人拱手跪坐一旁，会神观赏。

［河南省登封市启母阙画像石（东汉）］汉代画像石中女子蹴鞠的情景。画中蹴鞠者已将蹴鞠踢起，姿态优美，活泼可爱。

追逐奔跑起来劳累。《汉书·艺文志》中还收有 25 篇蹴鞠经，描写的都是有关当时帝王贵族们蹴鞠玩乐的情况。

与蹴鞠关系非常密切的，还有一种叫作弹棋的游戏，也很受汉魏时期皇帝和贵族们的喜爱。据说弹棋是汉代刘向为了防止汉成帝过分迷恋蹴鞠而发明的。有趣的是，这种弹棋的形制与蹴鞠十分相似，其棋局的形状、棋子的数量和棋的玩法都是模仿蹴鞠而制定的。因此爱好蹴鞠的汉成帝见到这种弹棋游戏时十分喜悦，他当即赐给了刘向一件青羔裘和一双紫丝袜，让刘向穿着它们上朝觐见，同时自己也从此喜欢上了这种游戏。

到了汉献帝时代，由于曹操十分严格的政治管理和军事纪律，弹棋等游戏活动受到了禁止，一时没有多大的市场。但是到了魏文帝时，这种游戏又开始在皇宫中兴盛起来。魏文帝曹丕自己便是个弹棋迷，而且精于此道。据说他在玩弹棋时，能够"用手巾角拂之，无不中"[①]。但是在当时还有一个比魏文帝弹棋水平更高的人，他在魏文帝面前述说了自己弹棋技术的高妙，并当场表演用帽上的葛巾角[②]撇棋的技艺，结果使魏文帝佩服无比。[③]这些历史故事虽然并不一定真实，但是却反映了魏晋时期宫廷中弹棋游戏非常盛行的事实。在帝王们的倡导下，一时"朝臣名士无不争能"，掀起了一股"弹棋热"。曹丕、王粲和丁廙等人均作过《弹棋赋》，称颂这种非常令人迷恋的游戏活动。

除了弹棋以外，汉魏时期还有许多其他的棋类游戏活动，它们大都是一些比较高雅的贵族游戏，也有一些是首先在皇帝、贵族中开始流行起来，然后才逐渐普及到民间的。这些棋类游戏主要有六博、格五、樗蒲、握槊、双陆等。先秦时期就很盛行的六博，到了汉代时得到了更为广泛的传播，特别是在宫闱、王府和富家之中广为盛行。汉景帝刘启、汉宣帝刘询、汉桓帝刘志及不少贵族大臣，如刘勃、黄遂、梁冀等都是见诸记载的六博好手。现存江苏徐州的汉代画像中，还有一幅摹写六博的图画，画的是两人坐于亭中对局，其中一人半起身，右手作掷彩状，另一人手指棋局，目不转睛。这幅图画形象地反映了汉代贵族们玩耍六博游戏时的情景。六博至东汉和两晋时仍在上层统治集团中盛行，一直延续到南北朝才被北周武帝的"象戏"所替代。

---

① 徐震堮：《世说新语校笺》，中华书局，1984年版，第384页。
② 注：葛巾，用葛布制成的头巾，尊卑共服。
③ 徐震堮：《世说新语校笺》，中华书局，1984年版，第384页。

[滕州市桑村大郭村出土，滕州市博物馆藏（东汉）]
此图为汉代浅浮雕。画面共有三层，上层主人端坐正中，两侧各有三名侍者侍奉；中层主人两相对坐，正在进行六博游戏，旁有数人观看；下层中设大鼓，旁有舞蹈者数人。

徐州汉画像砖 a

徐州汉画像砖 b

汉代时期的上流社会中还盛行一种叫"格五"的棋类游戏，这种游戏是在六博的基础上发展起来的。先秦时期的六博行棋时是要用骰子掷彩的，但是到了战国时期，出现了一种不用骰子的棋戏，称为"塞"，"塞"就是格五的前身。由于格五已经取消了用骰子掷彩的方式，主要是靠行棋的技术来战胜对手，这就减少了侥幸取胜的成分，降低了六博那种明显的赌博性，成了在汉代贵族和士大夫中流行的一种雅戏，如西汉时的吾丘寿王、东汉时的梁冀等，都是格五的好手，吾丘寿王还因为擅长格五而被任命为专门陪皇帝下棋的"棋待诏"。

到了两晋南北朝时期，一种叫作"樗蒲"的棋戏开始在上层统治集团中流行起来。樗蒲大约是在西汉时从西域传播到中原地区的。东汉马融《樗蒲赋》云："伯阳（老子的字）入戎，以斯消忧。"[1]西晋张华《博物志》中则云："老子入胡作樗蒲。"这些记载中都提到樗蒲来自西部地区。到了西晋以后，樗蒲已经成为当时的皇帝和达官贵人们非常喜好的游戏活动，如晋武帝司马炎、宋武帝刘裕、宋孝武帝刘骏、周文帝宇文泰以及桓温、桓玄、袁耽、温峤、颜师伯、韦容、王献之等人都善于樗蒲。

握槊和双陆，是产生于南北朝时期的两种棋戏活动。握槊流行于北朝，它本是一种在西北少数民族中流行的游戏，后来流传到汉族的贵族之中。据说它是由胡王的弟弟发明的。此人犯了罪将要被斩首，临刑前被关押在监狱中。他在狱中发明了握槊这种游戏，并将其献给胡王。按这种棋的规定，一梁中单立一马，则别的马可杀

---

[1] ［唐］欧阳询：《艺文类聚》，中华书局上海编辑所，1965年版，第71页。

死此马，此意是告诉胡王如果杀了兄弟，那么自己也将招来杀身之祸，于是胡王便将他释放出来。从此握槊这种游戏便开始广泛流行起来了。双陆则盛行于南朝，宋洪遵《谱双》云："双陆最近古，号雅戏，以传记考之，获四名：曰握槊，曰长行，曰婆罗塞戏，曰双陆。"①这说明双陆与握槊，只不过是名称不同，流传地区不同，其形制则是一致的。双陆的棋盘左右各有六路，故名"双陆"。这种游戏由于比较高雅，又富有一定赌博性，所以深得奢侈挥霍的贵族们的喜爱。

汉魏六朝时期上层统治阶级中玩的棋戏除了六博、格五、樗蒲、握槊、双陆以外，还有许多其他的形式，如夹食、悁闷、簸子、四维、蹙融、儒棋等，围棋更是十分盛行。当时的围棋已有九等之分，最高者称为"入神"，表示其棋艺已达到变化莫测而能先知的程度，以下分别为"坐照""具体""通幽""用智""小巧""斗力""老愚""守拙"等。由于下围棋要花费较多的时间，又必须精于计算，所以这种游戏活动当时主要在一些生活条件优越，又有许多闲暇空

石质围棋棋盘［河北省望都县出土（东汉）］
上有纵横各十七道经纬线组成的盘局，盘下有四足。这是目前考古发现的较早的围棋盘实物。

① ［宋］程大昌：《演繁露校证》，中华书局，2018年版，第383页。

余的贵族和士大夫中间进行，一般老百姓则很少问津。

南北朝时的北周武帝还发明了一种叫作"象戏"的棋戏。《周书》云："五月己丑，帝制《象经》成，集百僚讲说。"①"象经"，即象戏之经，但今已失传，唯有庾信的《象戏赋》存世。根据《象戏赋》中的描写，象戏是一种以棋局上圆象天，下方法地的"象天法地"之戏，其规则与六博相近。故古人云："象戏之制……盖弹棋、格五、六博之遗意也。"②这种象戏有很多人把它看作是中国象棋的最早源头。

汉魏时期的贵族中还有一项十分流行的游戏活动是斗禽。先秦时期就已产生的斗鸡到了汉魏时期变成了一种达官显贵们非常喜好的游戏活动，皇室子弟们也纷纷加入了斗鸡行列。例如，西汉的大臣袁盎因病免官在家时，就时常与闾里斗鸡走犬；东汉的梁冀也十分喜欢斗鸡游戏；汉代长乐宫中建有斗鸡台，专供皇宫中斗鸡之用。汉代还有许多刻在石和砖上的斗鸡图，描绘了当时的贵族大臣们斗鸡玩乐时的生动景象。到了建安时期，曹丕、曹植等皇族子弟也十分喜好斗鸡，他们在斗鸡时还要邀请宾朋同乐，并共作描写斗鸡的诗篇，如曹植的《斗鸡篇》写道："游目极妙伎，清听厌宫商。主人寂无为，众宾进乐方。长筵坐戏客，斗鸡观闲房。群雄正翕赫，双翅自飞扬。挥羽邀清风，悍目发朱光。觜落轻毛散，严距往往伤。长鸣入青云，扇翼独翱翔。愿蒙狸膏助，常得擅此场。"诗中刻画了斗鸡时紧张激烈的场面，也反映出斗鸡给人带来的极大快乐。

① ［唐］令狐德棻：《周书》，中华书局，1971年版，第76页。
② ［清］严可均：《全上古三代秦汉三国六朝文》，中华书局，1958年版，第3926页。

与斗鸡相类似的斗鸭、斗鹅游戏，在汉魏时也十分盛行。斗鸭、斗鹅的起源要晚于斗鸡，它们大概源于汉初。《西京杂记》载："鲁恭王好斗鸡鸭及鹅雁。"[1] 由于鸭嘴扁长，进取甚为困难，争斗起来十分有趣，因此这种游戏一经创制，马上博得了当时皇帝和贵族官僚们的喜爱，并在宫廷王府和贵族官僚的宅第中广泛流行起来。据《陆逊传》记载："建昌侯虑作斗鸭栏。"逊曰："君侯宜勤览经典，用此何为。"三国时期，孙权的儿子建昌侯孙虑十分迷恋斗鸭游戏，他在堂前设立了小巧精致的斗鸭栏，畜养斗鸭于栏内水池中，这种做法后来受

［河南省登封市启母阙画像石（东汉）］二雄鸡引颈扬尾搏斗。

① ［晋］葛洪：《西京杂记》，三秦出版社，2006年版，第116页。

到了当时执掌军国大权的陆逊的批评。南朝刘宋时期的王僧达也十分喜爱斗鸭游戏，据《南史·王僧达传》记载："僧达为太子舍人，坐属疾而往杨列桥观斗鸭，为省司所劾。"他在病假期间听说当地有个叫杨列桥的地方正在举行斗鸭比赛，便前去观看，结果遭到有司的纠劾。① 可见，当时的许多贵族官僚们对于斗鸭游戏都非常喜好。

汉魏时期许多游戏活动在上层统治集团中的广泛盛行，反映了当时上层统治集团寻求享乐、纵情声色的生活态度，也显示了他们那种带有挥霍、奢靡特征的文化趣味，这是当时社会权力和财富高度集中，娱乐消费需求急速增长的产物。当然，实际上汉魏时期的游戏并不仅限于官方统治集团中进行，民间的游戏活动也开展得十分兴旺和普遍，只是它们没能像官家游戏那样影响巨大、声名显赫而已。

四 唐宋：游戏史上的新纪元

中国的游戏发展到唐宋时期，进入了一个鼎盛的阶段。在这一阶段中，各种各样的游戏形式层出不穷地涌现出来，它们对当时的社会文化和社会生活都产生了深刻的影响。如果说，先秦时期的游戏是中国游戏史上的滥觞时期，汉魏六朝时期的游戏是中国游戏史上的发展时期的话，那么唐宋时期则是中国游戏史上最兴盛，最繁荣的时期。

---

① 上海师范大学古籍整理研究所：赵与时《宾退录》，《全宋笔记第六编十》，大象出版社，2019年版，第185页。

唐朝是我国历史上国力强盛、文化繁荣的时代，也是封建社会中一个较为稳定、发达的中兴时期。唐朝前期，由于李世民等人实行了较为开明的政策，唐王朝政权巩固，经济繁荣，文化昌盛，民族关系融洽。唐代的文化从总体上呈现了一种恢宏壮阔、热烈昂扬的格调，这为唐代娱乐和游戏活动的兴盛创造了良好的氛围。唐代的许多游戏活动，如荡秋千、放风筝、蹴鞠、马球、拔河、射箭、走马、游猎、斗草等，都是在这样的文化氛围中蓬勃开展起来的。

唐代长安城大明宫含光殿石志拓本［陕西省西安市大明宫遗址出土（唐代）］其中有关唐文宗大和五年十一月在大明宫修建"含光殿及球场"的记载。

宋代的国力虽然比不上唐代，但是，宋时市民文化的发达和繁荣程度又要超过唐代。随着商品经济的发展和商业城市的扩大，宋代时期形成了十分庞大的市民阶层，他们的文化显示了一种通俗化、娱乐化的取向，追求享受，喜欢猎奇，成了宋代文化的一个显著的特色。这样的文化品位和文化需求，促使宋代游戏活动的大量产生。在《东京梦华录》《梦粱录》《武林旧事》等一些宋人笔记材料中，我们经常可以看到汴京、杭州等城市中所进行的大量游戏活动，一些专门性的游戏组织，如蹴鞠社、打球社等，也已经开始在这些城市中出现。

唐宋时期游戏活动的兴盛和繁荣具体表现在以下方面。

1. 对于传统游戏形制、方法的改革

唐宋时期一些古老的传统游戏活动，如蹴鞠、弹棋等仍然非常盛行，但是它们在具体的形制和方法上，已经与以前有了一定的不同。它们大都经过了唐人、宋人的改革，在各个方面都显得比以前更为完善、丰富和有趣。例如唐代时期社会上盛行蹴鞠，但其形制已经与汉时有了很大的区别。汉代的"鞠"里面充填的是毛发，踢起来虽然很轻，但是弹性不好。到了唐代，人们将其改为气球，外面用皮革缝制成表壳，里面放上一个动物的脬（一般用猪的膀胱做成），脬内充满气，就成了名副其实的"气球"。这种球踢起来又轻巧又有弹性，比汉代的"鞠"要精巧、完美得多。另外，汉代的蹴鞠是在地下的"鞠城"中进行的，而到了唐代时，则改为在球场中进行。《隋唐嘉话朝野佥载》云："景龙中，妃主家竞为奢侈，驸马杨慎交、武崇训至油洒地以筑球场。"[①] 这种球场既宽广又平坦，踢起球来当

---

① ［唐］刘𫘧，张𬸚：《隋唐嘉话朝野佥载》，中华书局，1979 年版，第 42 页。

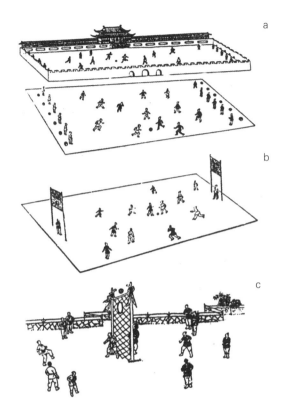

唐代的蹴鞠球场图。

宋代蹴鞠纹画像镜
［湖南省博物馆藏
（南宋）］
镜中浮雕一对男女
正在进行蹴鞠对踢
游戏，女子头挽高
髻，右足盘球：男
子头戴幞巾，躬身
防御。

《谱双》是宋代洪遵编写的一部专门介绍双陆形制的著作，根据《谱双》的记载，宋代时期的双陆已经分化出了平双陆、三梁双陆、七梁双陆、打间双陆、广州双陆、真腊双陆、日本双陆，大食双陆、佛双陆等许多不同的形式。图为《谱双》中插图"大食双陆毯"，反映了大食国人打双陆的情景。

然也更有意思了。

又如产生于汉魏时期的弹棋、双陆等游戏，到了唐宋时仍很盛行，但是在形制和玩法上也有了一定的变化。汉魏时期，弹棋用子 12 枚，但到了唐代时期，则已发展到 24 枚，而且还有贵子和贱子之分。《酉阳杂俎》云："今弹棋用棋二十四，以色别贵贱。"[1]汉魏时期的双陆到了唐宋时期其形制也有了变化和发展。唐代女皇帝武则天非常喜欢玩双陆，她又是一个喜欢创新的改革家，她曾对双陆的形制进行了改造，并取名为"九胜局"。唐代时期还出现

---

① ［唐］段成式撰，许逸民校笺：《酉阳杂俎校笺》，中华书局，2015 年版，第 1717 页。

了一种由双陆变来的棋戏，叫作"长行"。李肇《国史补》云："今之博戏，有长行最盛……其法生于握槊，变于双陆。"[1] 这说明长行这种棋戏形式，是在南北朝时的握槊、双陆的基础上演变出来的。到了宋代，双陆的形制又有了进一步的发展，分化出了平双陆、三梁双陆、七梁双陆、打间双陆、广州双陆、真腊双陆、日本双陆、大食双陆、佛双陆等形式。这些名目众多的双陆形式，在具体的形制、规则和方法上与传统双陆都有着一定的不同，它们都是经过了对传统双陆游戏的改造和变革以后发展起来的。

2. 新型游戏活动的大量涌现

唐宋时期，除了对许多传统的游戏方式进行了改革，使其更能满足现实社会娱乐消费的需要以外，还出现了诸多新型游戏方式，这些游戏方式有的出自中原本土，有的出自边疆他族，还有一些来自外国。它们大大地丰富了唐宋游戏的内容和形式，致使唐宋时期成为我国游戏史上一个最为繁荣、鼎盛的时代。

唐宋年间涌现出来的新型游戏形式，主要有马球、步打、象棋、骰子戏、叶子戏、斗蟋蟀、斗鹌鹑等。

马球在唐代时被称为"击鞠"，这种游戏活动与古代的蹴鞠有很大的不同。玩马球时游戏者骑于马上，手执一柄头部弯曲的棍子，用棍击打地上的球，最后用筹来计算胜负。这种游戏一是要求骑乘有很高的训练程度；二是要求骑术非常娴熟，以能与骑乘相配。马球游戏据说是在唐代时由波斯传入的，当时称为"波罗球"。"击

---

[1] 上海师范大学古籍整理研究所：王谠《唐语林》，《全宋笔记第三编二》，大象出版社，2019年版，第282页。

鞠"活动实际上在魏晋时期就已经出现，曹植《名都篇》中就有"连骑击鞠壤，巧捷惟万端"的诗句。但是当时这种游戏尚处萌芽阶段，还未定型化。到了唐代时，由于社会经济、文化的全面繁荣，再加上唐代的马术非常发达，当时西域大宛岁献好马，激发了唐代朝野对养马和马术的兴趣，于是马球也就在唐代广泛发展起来了。唐代的诸王和贵族们都非常喜欢打马球。唐玄宗本人就是一个击鞠的好手。他曾经

唐代太子李贤墓壁画（局部）［陕西省乾县章怀太子李贤墓出土（唐代）］画面中表现了唐代时期诸多皇亲国戚、王公大臣参加马球比赛的情景。

备马执杖迎接马球
比赛的场景。

参加过与吐蕃人的马球比赛，结果把吐蕃人打得大败。唐代的宫廷、京师和名城中多数都有马球场。1956年，在西安大明宫遗址中出土的一块石碑上，刻有"含光殿及球场等""大唐大和辛亥岁乙未月建"的字样，就是这方面的一个明证。1971年，在陕西章怀太子墓中，还发现了一幅打马球的壁画，画面上摹写了打马球时的生动场面：奔驰的骏马及手执一头弯曲的球杖的骑手们在球场上追逐马球，你争我夺，形象栩栩如生。唐时除了骑马击球的方式以外，还有骑驴击球的。如《旧唐书·郭英乂传》曰："又颇恣狂荡，聚女人骑驴击球，制钿驴鞍及诸服用，皆侈奢装饰，日费数万，以为笑乐。"[①]大概是由于女子玩马球时其激烈程度不如男子，所以用驴来代替马作为骑乘。

---

① ［后晋］刘昫：《旧唐书》，中华书局，1975年版，第3397页。

到了宋代，马球游戏仍然十分兴盛。北宋末年，每逢三月三宝津楼举行诸军百戏，击鞠便是其中的一个主要节目，玩时还有"小打""大打"之分。一些宫中的妇女也十分喜欢玩马球游戏，宋代文人创作的许多《宫词》中，就经常提到宫中的嫔妃们玩耍马球的情景。

与马球相近的还有一种叫作"步打"的游戏，也是在唐宋时期开始盛行起来的。与马球不同的是，步打不是骑在马上打球，而是一种在地面上徒步持杖打球的娱乐活动，其形制类似现代的高尔夫球。唐代时期，玩步打游戏的主要是一些后宫佳人，但是到了宋代时，步打已经成为一种由皇帝亲自主持的大型游戏活动。据《宋史·礼志》记载，每年三月，宋太宗都要亲自主持仪式，组织朝廷和艺人们参加步打游戏。在金元时期步打被称为"捶丸"，元初宁志老人所撰写的《丸经》中，曾详细地记载了步打游戏的场地、器具的规格以及活动方式，可见步打至金、元时在社会上仍很流行。

铜质象棋子拓本
［1983 年四川省江油县彰明公社出土（宋代）］
象棋子皆为钢质，共计 31 枚。直径 2.3~2.5 厘米，厚 0.2 厘米，棋子正面为阳书楷体汉字，背面为相应的图案，边缘有一穿孔。包括"将"二枚、"士"三枚、"象"四枚、"马"四枚、"车"四枚、"炮"四枚及"卒"十枚。

象棋这种古老的中国传统游戏形式，也是在唐宋时期发展起来的。早在南北朝时期，北周武帝就创制了象戏，但是象戏实际上是一种类似六博的游戏方式，与中国象棋的形制相去甚远。真正称得上"中国象棋之祖"的应是唐代时的"宝应象棋"。唐代的相国牛僧孺编过一本名为《玄怪录》的书，书中讲到在唐宝应元年掘得一个古墓，墓中有一棋局，棋子都是用金属制成的，包括有王、上将、军师、辎车、马、六甲等不同的类型。这种棋戏从其形制上来看，已经接近于现代的象棋，因此人们一般都把它看作中国象棋的真正起源。日本至今还有人把中国象棋称为"宝应象棋"，可见这种说法确有一定的历史根据。一些古人还认为宝应象棋就是唐代的牛僧孺发明的，如《续藏经》云："昔神农以日月星辰为象，唐相牛僧孺用车、马、将士、卒加炮，代之为棋矣。"此说现在也已得到了大多数人的肯定。

到了宋代，象棋的形制已经与现在完全相同了。李清照《打马图经》中所载的象棋盘，与今相比已无二致。南宋的刘克庄还有一首题为《象弈一首呈叶潜仲》的诗，从诗中所描述的河界和将帅炮卒士象车马等形式来看，已与现今的象棋几乎一样。宋代的司马光和晁补之，还分别发明了"七国象棋"和"广象棋"，它们的形制和方法与现代的象棋也有许多相似之处。

在中国游戏史上占有相当重要地位的骰子戏和叶子戏等游戏形式，也始于唐宋时期。骰子戏是从双陆中分离出来的一种游戏活动，在唐代称为"投琼"或"彩战"。这种游戏不像双陆那样需要进行复杂的行棋程序，只要根据骰子的"彩"来决定胜负，玩法简单，又可用于赌博，因此很快就在唐代上层社会中首先流行起来。唐玄宗和杨贵妃就常在宫中以投琼为乐，由此还产生了一个唐玄宗为骰子"赐绯"的故事。后来唐代的骰子游戏又发展出一种新的玩法，叫作"彩选"，即后来的"升官图"。这种游戏据说是唐代贺州刺史李郃发明的。宋高承《事物纪原》云："唐之衰，任官失序，而廉耻路断。李贺州郃讥之，耻当时职任，用投子之数，均班爵赏，谓之彩选，言其无实，惟彩胜而已。"可见李郃当初创制它的目的，主要是讽刺官场和朝政。彩选的具体玩法是很有意思的，在一个棋盘上绘有由贱至贵的 68 个官职，最低为县尉，最高至宰相。玩时用 6 枚骰子掷彩，根据不同的彩与不同的官职相对应。其规则与现今流行的"飞行棋"略有相似。这种游戏到了宋代以后，又发展出其他形式，

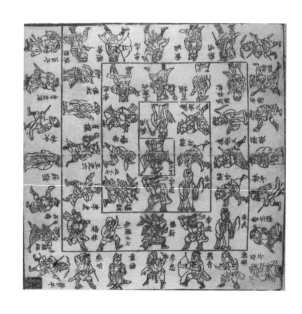

《水浒选仙图》［四川成都市（清代）］选仙图是在唐代"彩选格"的基础上形成的一种博戏形式，玩时用骰子掷彩，不同的彩与不同级别的人物相对应，获得较高级别的博彩者获胜。图为用水浒人物制成的水浒选仙图。

如"升官图""选仙图""揽胜图""消夜图"等，它们都是根据唐代的骰子戏演化而来的。

叶子戏是中国最为古老的纸牌游戏，它大概产生在唐朝时期。历史上对于叶子戏起源问题的认识并不一致，有的认为它是由唐代的禅师一行发明的，说是唐太宗曾向一行讨教世数，一行创制了叶子戏献给太宗，以"叶子"（古写作"葉子"）暗喻"二十世李"隐喻大唐国祚；有的认为它是由唐代的妇女叶子青发明的。她写了一本以自己名字命名的纸牌书，叫作《叶子格》，后来这种纸牌就叫作叶子。尽管说法不一，但大多数人都认为叶子戏是在唐代中后期开始流行于世的。这种游戏后来发展为影响很大的马吊牌。

唐宋时期在动物相斗的游戏活动方面也出现了一些新的形式，其中最为主要的就是斗蟋蟀。斗蟋蟀古称"斗蛩"，一般认为它始于唐天宝年间。宋顾文荐《负暄杂录》云："斗蛩之戏，始于天宝。闻长安富人镂象牙为笼而蓄之，以万金之资，付之一喙。"[1] 当时这种游戏主要流行于京师的宫廷、贵戚和豪富之家。但到了南宋时，斗蟋蟀已风行朝野，市井平民乃至僧道尼姑都好此戏，而且还出现了经营蟋蟀的专业户。宋周密《武林旧事》中，就记载了临安城内有专卖蟋蟀盆的经纪人。除了斗蟋蟀以外，斗鹌鹑也是唐代新兴的游戏活动。相传在唐玄宗时，西凉人进献鹌鹑，这种小动物能随着金鼓的节奏互相争斗，场景十分有趣，玄宗见后甚为喜悦，于是斗鹌鹑之戏便开始在唐代的宫廷中盛行起来。

---

[1] ［宋］姜夔著，陈书良笺注：《姜白石词笺注》，中华书局，2009年版，第169页。

3. 游戏活动的普及化、通俗化

与汉魏时期那种官家色彩十分浓重的游戏风格不同的是，唐宋时期的游戏呈现了一种明显的普及化、通俗化特色。大多数游戏活动不再为皇室宫廷和豪门贵族们所垄断，而是普及到了社会上的各个阶层中。许多原来只是在皇帝、贵族中流行的游戏形式，到了唐宋时期也可以经常从一般的平民百姓那里见到。之所以如此的原因在于唐宋时期，随着新兴地主阶级的崛起和商业经济日趋繁荣，旧有的贵族势力和门阀制度受到很大的冲击，文化专制主义的局面开始被逐渐打破。特别是唐宋时期的统治阶层开始注重与下层民众的关系，他们推行文化安抚政策，提倡与民同乐，这就使得当时的游戏文化呈现出一种普及化、通俗化的倾向。

例如，在唐宋时期的宫廷中经常进行的角抵、相扑之戏，同样也在民间广为盛行。《吴兴杂录》云："唐七月中元节，俗好相扑。"荆楚、五陵一带的相扑之戏则大多在五月进行；《角力记》："五月盛集，水嬉则竞渡，街坊则相攒为乐。"到了宋代时期，民间的相扑活动更是十分红火。据《梦粱录》记载，南宋临安的相国寺内，每年都要举行一两次大型的相扑、摔跤比赛。届时各方好手云集，登台各显神通，得冠军者获旗帐、锦缎、马匹，欢笑而归。宋代时还出现了一些民间的相扑、摔跤好手，他们大都是江湖卖艺之人。甚至还有许多女性相扑高手，如赛关索、嚣三娘、黑四姐等。

斗鸡、斗蟋蟀之类的斗禽游戏活动，也都有普及化、群众化的趋势。斗鸡、斗蟋之戏本来主要在皇公贵族之中进行，唐太宗、唐玄宗等都是斗鸡好手。在他们的倡导下，斗鸡之风遍及朝野，王孙公子、豪侠

少年以及广大的群众，都非常热衷于这种游戏活动。正如陈鸿祖在《东城老父传》中所写："上之好之，民风尤甚，诸王世家，外戚家，贵主家，侯家，倾帑破产市鸡，以偿鸡直。都中男女以弄鸡为事，贫者弄假鸡。"[1]贫困之家，甚至还有因买不起斗鸡而玩假鸡的。当时一些自命清高的文人也都喜欢上了斗鸡这种富有刺激性的游戏，如：韦承庆在诗作《寒食应制》中写道："莺啼正隐叶，鸡斗始开笼"；于鹄《公子行》云："马上抱鸡三市斗，袖中携剑五陵游。"这些诗句都表现了唐代文人喜爱斗鸡的社会风气。斗蟋之戏在唐代时主要流行于京师长安的宫廷和贵族富绅之家，但是到了宋代，尤其是南宋，

《清明上河图》（局部）中民间相扑比赛的场景。两人赤裸上身，扬手叉腿，互相对搏，旁边观赏者则围成一圈，俨如现代的拳击场。

① ［宋］李昉：《太平广记》，中华书局，1961年版，第3992页。

也开始风靡朝野，市井平民乃至僧道尼姑都喜好此游戏。相传那个在民间被称为济颠的天台道济和尚，也因其爱蟋"铁枪"之死而专门为其安葬，并作悼词祭文。

先秦、汉魏时期主要流行于皇室宫廷中的蹴鞠之游戏，到了唐宋时期也开始走向民间。唐代时期的平民百姓们到了寒食、清明之时，便纷纷地玩起了蹴鞠。杜甫《清明》诗云："十年蹴鞠将雏远，万里秋千习俗同。"描写的就是当时民间在清明时进行蹴鞠游戏的情状。宋代的民间蹴鞠活动更为普及，而且还出现了许多专门从事蹴鞠活动的民间组织，如圆社、蹴鞠打球社等。

以上事实充分说明，唐宋时期的游戏活动有着十分明显的普及化、通俗化趋向。它们不但盛行于社会上层统治集团之中，而且也经常为平民百姓所喜爱和嗜好。这一事实，正显示了处于鼎盛时期的唐宋游戏的繁荣和兴旺。

4.游戏书籍纷纷面世

标志唐宋游戏兴旺繁荣的另一个重要方面，是有关游戏的书籍纷纷面世。当时社会上出现了许多介绍、论述游戏活动的专门书籍。如在围棋方面，唐代的棋坛高手王积薪写有《围棋十诀》，成为后世围棋战略战术的指导原则。唐代的徐铉著有《围棋义例》。宋代的棋圣刘仲甫著有《棋诀》，更为具体地阐述了一些围棋理论。宋棋待诏李逸民编的《忘忧清乐集》，则是我国现存的第一部围棋古谱。

象棋方面也出现了许多著作，特别是一些象棋谱开始纷纷面世。仅南宋至元代间，较著名的象棋谱就有《棋经论》《单骑见虏》《事林广记》等。有关双陆方面的最有影响力的专著，是宋人洪遵写的《谱双》。在这部书中，作者十分详细地记载了当时流行于各地的双陆棋局和赛制。唐代的叶子戏开始风行以后，也不断有介绍这种游戏方式的书籍出现，宋郑樵在《通志》中，就录有《新定偏金叶子格》《小叶子格》《击蒙叶子格》等多种叶子戏牌谱。斗蟋蟀方面的专书则应推南宋宰相贾似道写的《促织经》。这部书是我国历史上第一本全面而系统地介绍蟋蟀的学术著作，其中有大量关于斗蟋蟀的材料。这些书籍的问世，充分证明了唐宋时期游戏活动的发达和兴盛。

五　明清棋牌的发展和麻将的诞生

明清时期是我国封建社会逐渐走向没落衰亡的时代。明代的开国皇帝朱元璋出身贫寒，因此他统一天下以后，在生活上较为注重节俭，在意识形态上也控制较严，因此，明初时期的游戏活动受到较大的限制。但是到了明代中后期，这种情况发生了很大的变化。宫廷中开始追求声色享受，娱乐性活动开始明显增多，特别是自万历后，宫廷和豪门中的奢侈挥霍程度更是日甚一日。这种风气也对下层民众产生了重大的影响。明代中叶以后，民间的娱乐文化活动普遍兴盛起来，如元宵节放花灯长达10夜之久，端午节的龙舟竞渡、玩狮舞龙活动也盛行于各个村社街巷，在京师和杭州等一些大城市，各种娱乐文化活动，如杂技百戏、旱船秧歌等更是开展得如火如荼。这种追求娱乐，纵情声色的社会风气，一直延续到清代时期仍然没有改变，这对于明清时期游戏活动的开展具有重要的影响。

明清时期游戏的总体特点是：种类齐全，但创新不多。从游戏形式、种类上看，明清时期堪称集大成者，凡是在古代流行过的诸多游戏活动，如蹴鞠、打球、相扑、斗禽、秋千、风筝等，到了明清时期都十分盛行。明代的蹴鞠活动不但经常在男子中广泛开展，而且也受到了广大妇女的喜爱。从当时的《蹴鞠谱·坐蹬十三解》中记载的一些行话，如表（妇人）、脬儿（女）、用表（使女）、苍老（老妇）、水表（娼妓）、嗟表（少女）、五角表（村妇）之类的圆社①行话来看，当时的蹴鞠游戏已经广泛普及于广大妇女之中。清代时的女子蹴鞠活动也比较活跃，李渔《美人踢球诗》云："蹴鞠当场二月天，仙风吹下两婵娟，汗沾粉面花含露，尘扑蛾眉柳带烟……"诗中描绘了当时的上层妇女玩耍蹴鞠游戏时那种娇柔、多姿的情态。

斗鸡、斗蟋蟀、斗鹌鹑之类的传统斗动物游戏，到了明清时期也仍然非常盛行。明代斗鸡之风不亚于盛唐，《书博鸡者事》中曾记载了当时的一些专门喜欢斗鸡的人："博鸡者，袁人，素无赖，不事产业，日抱鸡，呼少年博市中。任气好斗，诸为里侠者皆下之。"明人臧懋循《咏寒食斗鸡诗》："寒食东郊散晓晴，笼鸡竞出斗纵横。飘花照日冠相映，细草寒风翼共轻。各自争能判百战，还谁顾敌定先鸣。归来验取黄金距，应笑周家养未成。"这反映了明代时民间寒食斗鸡的习俗。明代时还出现了一种专门研究和举办斗鸡活动的民间组织——斗鸡社，"天启壬戌间好斗鸡，设斗鸡社于龙山下。"②斗蟋蟀之风在明清时期也十分普遍，明代的宣宗是一个有名的"蟋

---

① 圆社：宋代踢球的团体。
② ［明］张岱：《陶庵梦忆·西湖梦寻》，中华书局，2007年版，第42页。

蟀皇帝"，对于斗蟋蟀游戏迷恋到了痴狂的程度，他曾迫令民间每年向皇廷进贡蟋蟀。在皇帝的倡导下，豪绅官吏、平民百姓无不以斗蟋为乐，捕蟋捉蟋也成了一种当时社会上十分盛行的风尚。据明蒋一葵《长安客话·斗促织》中描写："京师人至七八月，家家皆养促织。余每至郊野，见健夫小儿，群聚草间，侧耳往来，面貌兀兀，若有所失者。至于溷所污垣之中，一闻其声，踊身疾趋，如馋猫见鼠，瓦盆泥罐，遍市井皆是。不论老幼男女，皆引斗以为乐。"这种全民斗蟋蟀，全民捉蟋蟀，甚至为此而弄得神魂颠倒、饭食不思的社会风气，充分反映了当时人们那种狂热的斗蟋蟀风气。

荡秋千、放风筝等一些技巧性较强的传统游戏形式，在明清时也广为盛行，特别是妇女、儿童对于这类游戏十分喜爱。小说《金瓶梅》中，曾有一段关于吴月娘、李瓶儿、潘金莲、玉箫、惠莲等几个风流女子一起玩秋千游戏的情节。书中描写这些人中间数惠莲的秋千技术最好，只见她手挽丝绳，身子站得直直的，脚下踩定踏板，也不用人推送，那秋千飞起在半天云里，忽地又飞将下来，好像飞仙一般的场景。到了清代，上到内苑，下至士庶，也经常要竞立秋千架，嬉戏为乐。据《燕京岁时纪胜》《永平府志》等书的记载，每到元宵节、清明节等节日，京城和许多市镇中的民众"家家树秋千为戏"，场面非常壮观。放风筝也是明清时期的一项十分普遍的传统游戏活动。风筝的起源十分古老，早在宋代时期，放风筝习俗已经盛行于民间，宋代苏汉臣的《百子图》中，已经有小儿放风筝的图绘。到了明清时期，放风筝活动在妇女、儿童中广泛开展起来，明代文学家徐渭写过"村庄女儿竞鸢嬉"的诗句，清代文学家曹雪

陈枚《月曼清游图册》
（局部）［故宫博
物院藏（清代）］
明清时期，妇女们
在清明节时盛行踏
青游春，并伴有荡
秋千、放风筝等诸
多游戏活动。

芹在《红楼梦》中，也曾写到过贾宝玉在神游
太虚境，翻阅"金陵十二钗正册"时，看到册
中画有两个人在放风筝的情节。曹雪芹还写过
一部介绍风筝品种和制作技艺的专著《南鹞北
鸢考工记》，书中所记的风筝品种有比翼燕、
双燕、双鲤、彩蝶、螃蟹、宓妃、双童等，并
附有题咏和绘图。这些作品和专书，反映了明
清时期放风筝活动的炽盛。

　　明清时期的游戏形式虽然很多，但它们大
都传承了先秦、汉魏和唐宋时期游戏的传统，

具有创新意义的游戏形式并不多见。这种特点恐怕与明清时代那种较为保守、禁锢的思想风气有很大的关系。明清时期已是封建社会的没落时期，其思想风气和精神面貌已不如唐宋时期那样具有昂扬、开放的基调，这就限制了明清时期文化活动的发展，也影响了明清时期游戏形式的开拓创新。

但是，在明清时期游戏的形式上有一个值得注意的现象是，虽然当时的新型游戏形式并不多见，一些传统游戏的玩法也无多大变化，然而在棋牌类游戏方面却有许多突出的发展。明清时期是我国游戏史上棋牌类游戏大发展的阶段，在棋类游戏方面，围棋、象棋等都已达到了峰巅阶段。当时不但涌现出了一大批棋艺精湛的围棋、象棋高手，而且还形成了许多重要的流派，例如，围棋方面出现了过百龄、黄龙士、范西屏、施定庵、杨小松等名家，以及"永嘉派""新安派""京师派"等流派；象棋方面，明代的高手有李开先、陈珍、张希秋、吴唐等，清代乾隆时期还形成了九个象棋流派。一些围棋、象棋的棋谱和专书也被大量印行，对于后世的棋戏影响甚大。

明清时期，牌类游戏也取得了许多重大的发展，其中如马吊牌、麻将牌等，对于后世产生了极大的影响。小说《金瓶梅》第五十一回中，就有潘金莲与王潮儿斗马吊牌的描写。《金瓶梅》一书写于明嘉靖年间（1522—1566），由此推断，马吊牌的产生不会晚于明代中叶。马吊牌最初起于江苏昆山一带，明万历、天启年间流行于南北各地，并分化出北方的"京吊"和南方的"吴吊"等不同形式。由于马吊牌变化繁多，有很强的娱乐性，因此这种游戏方式深得当时人们的喜爱。申涵光《荆园小语》："马吊牌，始于吴中，渐延都下，穷日累夜，纷

钱毂《竹亭对弈图》（局部）［辽宁省博物馆藏（明代）］

明清时期，士大夫中涌现出了一大批围棋名家，并且还出现了"永嘉""新安""京师"等派别。图为明代雅士在丛林竹亭中下围棋的情景。

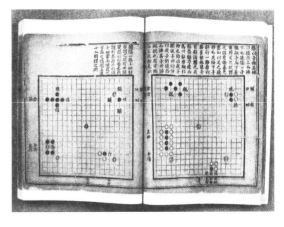

张拟《棋经十三篇》［中国书店藏（北宋）］

《棋经十三篇》为北宋仁宗翰林学士张拟所撰，书中对诸多围棋理论进行了阐述，内容包括论局、得算、权舆、合战、虚实、自知、审局、度情、斜正、洞微、名数、品格、杂论，共十三篇。

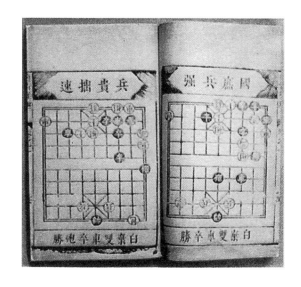

明代象棋棋谱。

然若狂。问之，皆云极有趣。"可见当时玩马吊牌已成了一种社会风气。

麻将牌是在马吊牌结合默和牌加东、西、南、北四将而形成的一种牌类游戏，大约诞生于清道光、咸丰之际，也就是 19 世纪四五十年代。据说，麻将牌的最终定型是在太平天国时期完成的。《清稗类钞》有"叉麻雀"条云："粤寇起事，军中用以赌酒，增入筒化、万化、天化、王化、东南西北化，盖本为封号也。行之未几，流入宁波，不久而遂普及矣。"[1] 照此说法，麻将牌首先是在太平天国运动中创制，随后流传到宁波，然后再普及到全国的。这种说法有一定的道理。麻将原本被称作"雀牌"，而宁波人称"雀"为"麻将"，可见这种牌戏的最早起源的确与宁波有很大的关系。杜亚泉《博史》认为麻将"先流行于闽粤濒海各地及海舶间。清光绪初年，由宁波江厦延及津沪商埠口。"[2] 即从清朝同治到光绪年间，麻将由闽粤沿

① 徐珂：《清稗类钞》，中华书局，2010 年版，第 4906 页。
② 杜亚泉：《博史》，上海开明书店，1933 年版，第 35 页。

海地区传到北京、天津，随即扩散到全国。由于它具有很强的娱乐性和刺激性，既可用于玩乐又可进行赌博，所以很快成为我国最有影响力的一种牌类游戏方式。

明清时期棋牌类游戏的兴盛，有着重要的内在原因。其一，棋牌类游戏是一种智能型的游戏活动，是人类文明程度提高和智力水平发展的产物。当人类还处于较为原始的时代，智力水平较低的时候，人们的游戏方式一般都以力量型游戏为主，智能型的游戏则比较少见。但是随着人类文明程度的提高和智力的开发，智能型游戏在人们游戏生活中的比例就越来越高。明清时期是中国封建社会的末期，当时社会文明的程度已经很高，因此大量智能型的棋牌游戏形式被不断创造出来，并受到了当时人们的普遍欢迎。其二，棋牌类游戏活动规模较小，用具简单，也较少受现实条件的限制，能适合各种类型的人们玩乐，其普及化、群众化的程度非常之高。其三，棋牌类游戏活动具有一定的偶然性，可以运用于赌博，人们往往可以通过这类游戏来赢得钱财，并从中寻得强烈的刺激和快感。这些都是明清时期棋牌游戏迅速发展的重要原因。

缤纷多彩的游戏形式

在漫长的古代社会中，游戏活动层出不穷，它们各有各的特点，各有各的形式，因此，很有必要对它们进行一个比较系统的分类。世界著名的文化人类学家J.罗伯茨曾经把游戏按照生理、心理特征分为三类：体育技巧型游戏、策略型游戏、投机型游戏。这种分类方法从游戏的生理性本质出发，根据游戏在生理和心理机制上的不同特点，分出不同的游戏种类，具有较强的科学性。但这种分类方法似乎还很难把中国古代游戏的各个门类都较为合理地涵盖进去。中国古代游戏的形式非常丰富，门类也极其众多，因此，要给它做出一个系统的、概括的分类是较为困难的。在本书中，笔者试图从游戏的性质和功能入手，把中国古代的游戏活动分为角力、竞技、斗智、猜射和赌博等类型，并分别对每种类型下的代表性游戏进行介绍。

一 角力：角抵、相扑、拔河和斗禽

角力型游戏是一种较为原始的游戏方式，它的主要特点是通过游戏者力量上的竞争和较量来分出胜负，以此得到一种精神上的快感。角力型游戏与人的基本生理运动有着非常密切的关系。出于人的机体要求不断运动的需求，人便会通过一种能量的发泄来满足这种欲望，于是便产生了角力型游戏。

中国古代的角抵、相扑等，都是属于典型的角力型游戏活动。关于角抵的起源，可以追溯到上古时代。《述异记》写道："古蚩尤有角，以角抵人，人不能向。"① 上古时的蚩尤民族头上长着角，

---

① ［清］翟灏：《通俗编 附直语补证》，中华书局，2013年版，第436页。

《三才图会·角抵
图》（明代）
角抵戏起源于古代
神话英雄人物蚩尤。
据说他头有角，耳
如剑，与人争斗时
善于用角抵人，后
来便演化成为"角
抵戏"。此图中两
人头戴蚩尤面具进
行角抵戏表演，似
仍保留远古时代角
抵戏的风貌。

耳鬓旁长着剑戟。他们在与黄帝打仗时，就以
头上之角抵人，敌方对此很难防御。这种所
谓的"以角抵人"，其实便是一种类似现在摔
跤、拳斗一类的角力活动。它们主要是一种力
量型的较量，通过非常简单的人体相搏来分出
胜负输赢。到了秦汉时期，角抵活动非常盛行，
但是当时的角抵已经不再是一种争斗相搏的手
段，而是变成一种带有一定表演成分的游戏活

1975 年湖北江陵凤凰山出土的木篦
［湖北省江陵县博物馆藏（秦代）］
木篦正背面均漆绘一幅生动的角抵
图。图中人赤裸上身，下着三角短裤，
左边二人正在进行紧张的搏杀拼斗，
右边一人似为裁判。这是我国先秦时
期罕见的角抵图遗存。

动。据《古今图书集成·军礼部》记载："秦并天下，罢讲武礼，
为角抵。"由于秦始皇怕民众起来造反，于是便罢武礼、息兵事，
把角抵变成了一种寻欢作乐的游戏节目。到了汉代时期，角抵活
动十分普及，尤其是在冀州一带的民间，经常有这种游戏活动，
"冀州旧乐各蚩尤戏，其民两两三三，头戴角而相抵，即角抵之战，
盖其遗制也。"[1] 从这一记载中将角抵称为"蚩尤戏"，以及在进
行角抵活动时要化妆的情况来看，很明显角抵在当时已经成为一
种富有娱乐性的游戏活动。《汉书·武帝本纪》中也有关于角抵
戏的记载，据载当时的角抵戏规模宏大，轰动京城，老百姓们甚
至宁愿跑几百里的路去观看助威，可见当时人们对于角抵游戏的
喜爱。

---

[1] ［唐］苏鹗：《苏氏演义》，中华书局，2012 年版，第 39 页。

战国角抵图铜饰牌［陕西省长安县客省庄出土（战国）］

图中一人用右手搂住对方腰部，左手抓住对方后胯，另一人用两手紧紧抱住对方的
腰部和右腿，与现代的摔跤颇有相似之处。

魏晋时期秦代壁画中的角抵图［吉林省
集安市高句丽墓出土（魏晋）］

汉画像石上的角抵图。

宋代是中国游戏史上相扑活动最为繁盛的时代。当时许多江湖艺人经常在瓦舍庙会登台表演，相扑卖艺。图为宋墓壁画中力士相扑的情景。图中四人均头戴黑巾，赤裸上身，下着三角短裤，似是正在进行一场相扑擂台比赛。

到了唐宋时期，角抵戏更是盛及朝野，其游戏色彩也更浓，当时它经常是作为一种百戏的形式出现在皇廷、官府、军队和民间集会等场合中。如《文献通考》"散乐百戏"云："角力戏，壮力裸袒相搏，而角胜负。每群戏既毕，左右军擂大鼓而引之。"[①]角抵在宋代变为相扑，当时朝廷中凡有盛大的宴会，经常要请相扑手来表演，以作席间嬉乐。民间瓦市中的相扑之戏也广为盛行。进行相扑时一般都是先由女子出来对打一番，然后派出大力士来比赛，力气最大、天下无敌的相扑手可以领得奖赏。角抵、相扑虽然主要是靠力量来战胜对方，但有时也要讲究一定的技巧。

在敦煌壁画中，绘有一幅五代时期的相扑图，图上描绘了两名力士在一方形地毯上比赛的场景：两名相扑手一人一手在前，一手在后，

① ［元］马端临：《文献通考》，中华书局，2011 年版，第 4421 页。

用弓箭步直取对方；另一人则双臂弯曲，低俯身体，左右回旋，伺机反攻。两人上场后不是立即扭抱在一起，而是找角度、看时机，十分讲究技巧方法。

中国古代的拔河也是一种角力型的游戏活动。拔河古称"牵钩"，相传起源于春秋时楚国一带。[①] 古籍云："拔河古谓之牵钩。襄、汉风俗，常以正月望日为之。"较为原始的拔河活动是用竹索为工具的。两队人马分别站在竹索的两边，中画一条界线。一声号令后，两队人马拉住竹索使劲往自己一方拔，一直拔到将另一方拉过界线为止。拔河时一边还要敲大鼓，以振奋人心。这种游戏主要依靠的是手臂力量，玩时要求全队人员共同使力，因此也是一种十分典型的角力型游戏。拔河到了隋唐时期已将竹索改为大绳，其绳长约四五十丈，两头还分系小绳索数百条。《封氏闻见记》对此有详细记载："古用篾缆，今民则以大麻絙，长四五十丈，两头分系小索数百条，挂于胸前，分二朋，两相齐挽，当大絙之中，立大旗为界，震鼓叫噪，使相牵引，以却者为胜，就者为输，名曰'拔河'。"

在《景龙文馆记》中，还曾记录过一个唐代宫廷中举行拔河比赛的故事，情节非常有趣。当时是景龙四年（710）清明节，唐中宗李显命文武百官进行拔河比赛。侍者拿上一条大麻绳，大麻绳的两头分别系着十余条小绳子，每条小绳都可以让几个人拉着拔河。朝廷中的皇亲国戚和文武大臣们分为东西两队，东队的人员由七位宰相和三位驸马组成，西队的人员则由三位文臣和五位将军组成。在激烈的争逐中，仆射韦巨源、少师唐休璟因为年纪大，身体弱，竟

① ［唐］封演撰，赵贞信校注：《封氏闻见记校注》，中华书局，2005年版，第54页。

被绳子拖倒在地，久久难以爬起，形状十分狼狈，引得中宗和文武大臣们大笑了一场。从这个故事中可以看出，拔河游戏在唐代经常在宫廷中展开，它主要是通过双方在绳子上的角力、较劲来竞斗输赢，并从中获得快乐和情趣。

拔河，古称"牵钩"或"拖钩"，是一种角力型的游戏形式。南北朝时期，拔河工具多为竹索，隋唐后改为大绳，长约50丈，两头分系小绳数百条。图为清代春节时乡村中举行拔河活动时的盛大场面。

在少数民族的游戏活动中，角力型的游戏方式占有很大的比例。例如，蒙古族每年要举行一次"那达慕"大会，会上一项重要的游戏活动便是摔跤比赛。双方凭自己的力气和技术进行较量，哪方首先将另一方摔倒在地，哪方就算赢；彝族的摔跤可允许运用抓腰带、抢单腿、过背、夹臂翻、穿腿等技术，但最主要的还是靠力气战胜对方。赢者被称为"大力士"，要在身上披红挂彩；回族的"掼牛"、藏族的"抱石头"、独龙族的"扳手腕"等，也都是角力型的游戏方式。回族人在进行传统的掼牛游戏时，一般先由掼牛者将公牛逗怒，引得公牛向自己冲来，然后顺势双手迅速抓住牛角，用力将牛按倒在地；此时公牛四腿张开，拼命反击，掼牛者紧紧抱住牛头，用右肩扛住牛下巴，运足气力大声一吼，猛劲把牛脖子一别，牛便会失去平衡而摔得四腿朝天。西藏的抱石头游戏也是一种力的较量。石头重达100多公斤，均为椭圆形。为了增加难度，还要在石头上抹上一些油脂，使人难以抱住。游戏者抱起石头后，提至腹部，再扛至背上，然后再走完一段规定的路程，哪个人抱着石头走得最远，哪个人就算得胜。摔跤、掼牛、抱石头之类的游戏方式，都是角力型的活动，它们经常为一些少数民族所喜好，这与少数民族游牧性的生活方式、粗犷强悍的性格特点有密切关系。

角力型游戏中还有一种较为特殊的形式，就是斗禽。斗禽包括斗鸡、斗鸭、斗鹅、斗牛、斗马、斗蟋蟀、斗鸟、斗鱼等，这类游戏虽然不是由人直接参与争斗，但却是以动物之间的相斗、角力为内容的游戏活动，因此实际上也是属于一种角力型游戏。

动物之间的相斗以斗鸡、斗牛、斗蟋、斗鸟等最为常见。鸡的竞斗性很强，把两只性情凶猛的公鸡放在一起，它们就会激烈地争斗啄咬起来，一直斗到一方败下阵来为止。我国古代的斗鸡游戏，正是利用了鸡的这种习性而进行的。斗鸡的场面常常极为惨烈，一些古诗中对此有生动的描绘。如唐代韩愈、孟郊的斗鸡联句诗云："裂血失鸣声，啄殷甚饥馁，对起何急惊，随旋诚巧绐。""事爪深难解，嗔睛时未怠。一喷一醒然，再接再砺乃。"两鸡相斗时是难分难解，势不两立，两鸡相斗后是鸡冠流血，无力啼叫。如果两鸡相斗已久，各显疲惫之态，还要用水喷醒，使其清醒振奋，重新投入战斗。这是何等惨烈、残酷的场面！

　　与斗鸡相似的斗牛，也是一种角力性很强的传统游戏。两只斗牛在相斗时，各自使出全身的力气和招数，或以头和腿压在对方颈上，或以力猛烈推搡使对方后退，或以颈相抵，或以角相撞，甚至将自己的头伸向对方腹部，从下面将对方顶起……总之，相斗双方都会尽量想方设法将对方斗败。斗牛游戏过去在浙江金华一带非常盛行，每逢春秋之季，当地便要举行斗牛比赛，其胜负视牛力之大

[故宫博物院藏（汉代）]
汉代铜质印章中的斗鸡图像，反映了当时斗鸡活动盛行的历史事实。

戴嵩《斗牛图》[台北故宫博物院藏（唐代）]
图中一牛前逃，另一牛则穷追不舍，并低头以牛角抵之。双牛均用水墨绘出，传神地表现了斗牛的强劲身姿及其蛮不可挡的气势。

《斗牛图》[邹城市郭里乡黄路上村出土（东汉）]
两牛相斗的情景。两边各有一人执矛相望。后世斗牛方式多以此效法。

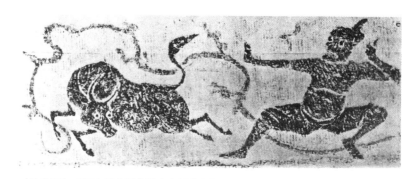

《斗牛图》［河南省南阳市出土（汉代）］
牛很早就是斗赛场中的主角之一。专门用来参加斗赛的牛平时要精心饲养，在牛的品种选择上也有一定的要求。图为汉代武士与牛相斗情景。

《斗鸡图》［河南省郑州市出土（汉代）］
斗鸡是中国游戏史上一种十分古老的游戏形式，早在《左传》《庄子》等古籍中，就有关于斗鸡的记载。图为汉代画像石中的斗鸡图绘。两只雄鸡交颈相缠，斗得难分难解，两边各有一人身着长服，指挥着自己的鸡向对方进攻。

《上林苑斗兽图》［美国波士顿美术馆藏（西汉）］
汉代时期，斗兽在王公贵族群体中十分盛行，一些皇帝与诸侯还开辟了斗兽场所，专供他们取乐。图为西汉上林苑王公贵族们斗兽时的场景。

旧时小儿斗鸡，多将鸡放入笼内，使其隔笼相斗，这种斗鸡形式不至于伤及鸡的性命。

小、牛术之优劣、耐性强弱而定。如一方体力不支，或受伤逃奔，则胜负已分，斗牛人会立即抄住牛角，将两牛分开，由牛主人牵牛出场。

　　鸟类动物体形一般都较小，但是其性情却也十分凶猛，善争好斗的鸟类不计其数，八哥、画眉、鹡鸰、鹌鹑等都十分喜好相斗，因此中国古代斗鸟游戏也一直十分盛行。例如，《清稗类钞》中的"斗鹡鸰"："羽族中有俗呼黄脰者，即鹡鸰，为小鸟之一种，性喜争斗。江、浙人多要笼养以供请玩，每当春夏之交，各出所养者，隔笼相斗，借以比赛优劣。"① 关于"斗鹌鹑"，《清嘉录》中记载："霜降后，斗鹌鹑角胜……每斗一次，谓之一圈。斗必昏夜。"②

　　清代有一本名叫《蝶阶外史》的书中，还记载了一个十分有趣的斗鹌鹑的故事。当时有一个住在武清蔡村兴善寺的和尚，名叫鸿僧。他非常喜欢斗鹌鹑，蓄养的鹌鹑数以万计。后来他得到了一只玉鹑，长颈短尾，纯洁如雪，就像一只小鹤一样。它十分擅长搏击，飞起来有三四尺高，每次搏击时都能十分准确地击中敌手，因此附近地区没有一只鹌鹑能战胜它。后来邻村的西贾得到了一只黑鹑，毛色纯黑，短小精悍，当它与其他鹌鹑相斗时，两个翅膀伏在地上，就如燕子掠水一般。它的嘴硬得像锥子一样，啄时令对手无法逃躲。村人对玉鹑和黑鹑都非常喜爱，将它们称之为"天龙"和"地虎"。鸿僧与西贾也因为两只鹌鹑而结为好友，并约定两鹑永不相斗。不料后来有一次由于误会，这两只鹌鹑不得不互相争斗起来。只见玉鹑怒视以待，黑鹑两翼伏地，两只鹌鹑斗得天昏地暗。到后来甚至连各自的身体都无法辨清，只看见黑白两个影子飞快地一来一往，扭成一团。这时旁边围观之人无数，大家屏住呼吸，紧张至极，都认为是看到了一场从未见过的好戏。玉鹑身上已受了数十处伤，血浸透了羽毛，它张开双翼拖到地下，学着黑鹑的样子，眼看就要败下阵来，但只见它突然跃起 5 尺，猛朝黑鹑啄去，黑鹑遭此一击，魂飞魄散，只得垂翅逃走。西贾见后非常气愤，拔出刀来要与鸿僧拼命，经过鸿僧的解释，总算结束了这场纠纷。后来鸿僧一直与玉

① 徐珂：《清稗类钞》，中华书局，2010 年版，第 4916 页。
② ［清］顾禄：《清嘉录　桐桥倚棹录》，中华书局，2008 年版，第 175 页。

鹑相依为命，直至鸿僧圆寂的那一天，玉鹑也在他手中死去。这个故事极其生动地描写了斗鹌鹑时激烈、惨壮的场面，也反映了中国古代社会中那种盛行的斗鹌鹑风气。

二 竞技：投射、球戏、秋千和毽子

竞技型游戏是中国古代游戏活动中一种非常常见的游戏方式。与角力型游戏不同的是，竞技型游戏主要不是通过力量，而是通过一些特定的技巧和方法来进行竞斗较量。竞技型游戏是人们生产实践知识和社会生活经验不断积累的产物。在大量实践知识和生活经验的基础上，人的行为能力不断提高，技能不断增强，这些能力和本领不但使人们在与自然和社会的斗争中更能占据主动地位，获得成功，而且也使人们在文化活动方面有了更多的创造。大量的竞技性游戏，便正是在这种技能性文化创造的基础上发展起来的。

中华民族是很早就已进入文明时代的先进民族，中国历史上曾出现过的竞技性游戏活动也非常之多，这些竞技性游戏中最为主要的有投射、球戏、秋千、毽子等。

投射游戏的起源一直可以追溯到上古时期。相传盛行于帝尧时的"击壤"之戏，实际上就是一种非常古老的投射游戏活动。据《逸士传》中记载："尧时有壤父五十人，击壤于康衢，或有观者曰：大哉，尧之为君也。壤父作色曰：吾日出而作，日入而息……帝何

《三才图会·击壤图》［中国国家图书馆藏（明代）］击壤堪称中国古代投射游戏之祖。玩时先把一只壤插在地下，游戏者另持一壤，隔三四十步距离之外将手中之壤投向地上之壤，投中者为胜。图为明刻本《三才图会》中几个乡村野老在玩击壤游戏时的情景。

力于我哉！"[①] 由此可见，早在原始时代，击壤游戏就已产生，当时它是一种乡村野老玩的"土俗之戏"。《释名》云："击壤，野老之戏也。"[②] 这种游戏要讲究一定的技巧性，只有瞄得准，力量用得适当，才能击中目标。据

---

① ［元］王祯撰，缪启愉、缪桂龙译注：《农书译注》（下），齐鲁书社，2009 年版，第 518 页。
② ［东汉］刘熙撰，［清］毕沅疏证，［清］王先谦补，祝敏彻，孙玉文点校：《释名疏证补》，中华书局，2008 年版，第 309 页。

擲地互金聲

吴下山春寫意子翀題句幷書

時二月下澣

清明时节吴地乡村
儿童玩耍击壤游戏。

晋周处《风土记》和魏邯郸淳《艺经》等书介绍，
"壤"是用木头做的，前面宽后面尖，阔约三寸，
形状就像一只鞋子一样。玩的时候，先把一只
壤插在地上，人走到三四十步开外，用手中的
壤向地上的壤击去，投中的就算赢。击壤对后
世游戏的影响非常之大，如宋代的"飞堶"，
清代的"打瓦"等游戏形式，都是由击壤演变
而来的。

我国古代士大夫在举行酒宴时经常玩耍的"投壶"，是一种由射箭演变而来的投射游戏形式。投壶者站在离壶一定距离的地方，把箭投向壶中，以壶中的箭数或中箭的状态来决定胜负，赢者得筹，负者饮酒。这种游戏大约起源于先秦时期。当时士大夫们玩这种游戏，主要是出于一种礼乐上的需要，因此玩时有一套烦琐的礼节，如投壶时主人该怎样做、宾客该怎样做、东西该如何放等，都有一套定制。《礼记》云："投壶之礼，主人奉矢，司射奉巾，使人执壶。主人请曰：'某有枉矢哨壶，请以乐宾'。"[1]对于箭的长度也有严格规定。一般室内投壶用二尺箭，堂上投壶用二尺八寸箭，庭中投壶用三尺六寸箭。到了后来，投壶的礼仪开始趋于简化，但具体的玩法更加丰富多样化。据《颜氏家训》记载："投壶之礼，近世愈精。古者，实以小豆，为其矢之跃也。今则唯欲其骁，益多益喜，乃有倚竿、带剑、狼壶、豹尾、龙首之名。其尤妙者，有莲花骁。汝南周璝，弘正之子，会稽贺徽，贺革之子，并能一箭四十余骁。贺又尝为小障，置壶其外，隔障投之，无所失也。"[2]投壶者居然能够隔着障碍物投中目标，可见当时投壶技巧已经发展到了炉火纯青的程度。

中国古代许多少数民族素以游牧、狩猎为生，射技对他们说来非常重要，因此这些少数民族中的投射游戏十分普及，如匈奴、鲜卑十分盛行射柳之戏。每当端午节时，人们便要在球场上插上两排柳枝，射柳之人按尊卑长幼次序轮流进行射箭。每人先用剑把所要射的柳枝上的皮削去一块，然后骑着马用无镞箭向柳枝去皮处射去。

---

① ［清］阮元：《十三经注疏》（清嘉庆刊本），中华书局，2009 年版，第 3613 页。
② 王利器：《颜氏家训集解》，中华书局，1993 年版，第 594 页。

春秋时期用于投壶的陶质壶瓶。〔山东省莒南县大店春秋莒国墓出土（春秋）〕瓶为长颈、鼓腹、平底，颈肩部有四道凸弦纹，朱绘雷纹，腹部朱绘三角雷纹。

战国时期用于投壶的铜质壶瓶。〔河北省平山县三汲战国中山王墓出土（战国）〕壶瓶下有三只奇兽承托，两侧各有一铺首衔环。

汉代画像石上的投壶图案。画面中央设有一壶瓶。四人相对跽坐，其中两人一手持数矢，另一只手正在投掷；另外两人则在后面观赏。还有一人似已投完矢后起身离座而去。此图生动反映了汉代士大夫热衷于投壶游戏的事实。

西汉时期用于投壶的陶质壶瓶。［河南省济源市泗涧沟出土（西汉）］
壶瓶下有三足，壶身涂绿釉，颈中部有凹弦纹一周。

商喜《明宣宗行乐图》（局部）［故宫博物院藏（明代）］
图中描绘明宣宗和大臣们玩投壶游戏的情景。

图中之人正在表演
反身投壶之技，两
支箭矢已被投入壶
中，可见此人投壶
水平十分之高。

古代贵族妇女也喜
欢玩投壶游戏。图
为两妇女端坐于圆
凳之上，手中之箭
正在投出，旁边有
几个侍女正在侍奉。

郎世宁《弘历射猎图》[故宫博物院藏（清代）]

图中有一只兔子在急速奔逃，左右还有几位大臣骑马跟从。

射中柳枝的还不算赢，一定要把柳枝射断，然后飞马前去将射落的柳枝接下，不能让其落地，接着手拿柳枝向场外跑去，这样才算获胜。北方契丹民族的射兔，也是一种十分盛行的投射游戏。每到三月三日，契丹民族就要将木头雕成兔子形状，然后分成两队骑着马进行射兔比赛，先射中兔子的为胜，输的一方要下马跪着向胜方敬酒，胜方则骑在马上洋洋得意地将所献之酒喝完。

除了射柳、射兔以外，中国古代还有许多其他的射箭游戏活动，如射鸭、射鼓、射粉团、射香箭、射天球、九射格等，这些活动所射之物各有不同，所射方法也各有差异。但是它们都是在射箭这项技艺上发展起来的游戏形式，它们反映了中国古人对于射箭技艺的重视以及射箭技艺在社会生产、生活中的重要作用。

中国古代竞技游戏中的另一个大类是以球为戏具而展开的各种球戏。由于球是圆的，抛接击打起来需要一定的技巧，因此球经常被用来作为一种游戏器具，以球为戏具而产生的传统游戏活动也特别多。例如先秦时期已经产生，汉魏和唐宋时期得到极大发展的蹴鞠，就是一种典型的球类游戏形式。汉代皇室中的蹴鞠游戏规模很大，有专门的球场，四周还有围墙和看台。较为正规的蹴鞠比赛分为两队，双方各有十二名队员参加，以踢进球门之球数的多少决定胜负。当然一般平民百姓的蹴鞠活动就没有那么好的条件了，他们大多是两三个人自己随便踢踢玩玩，而且也只能是在路旁小巷中进行。桓宽《盐铁论》中提到的"康庄驰逐，穷巷蹴鞠"，指的就是一般平民百姓的蹴鞠活动。

到了唐宋时期，蹴鞠的形制有了很大的改变，蹴鞠的技术也有了很大的提高。据一些古籍记载，唐宋时的蹴鞠有家庭中两三人玩的小型蹴鞠比赛，也有皇室宫廷中数百人参加的大型蹴鞠活动。例如，宋徽宗时每逢天宁节，朝廷中的宰相、亲王和百官们都要给徽宗赵佶上寿，此时宫廷中奏起音乐，双方队员穿红、黑两色锦衣入场，进行踢球比赛。在经过了一番较量后，分出输赢，赢者获金奖，输者受鞭打，或以黄白粉涂脸。在踢球规则上，唐宋时期已经形成了许多定制，有所谓的"白打""打二""官场"等。《事林广记》戊集卷七"白打社规"："球两人对踢为白打，三人角踢为官场""每人两踢名'打二'，拽开大踢名'白打'。"到了清代时期，蹴鞠

汪云程《蹴鞠图谱·三人场户》（明代）

明人汪云程的《蹴鞠图谱》一书，被收入陶宗仪所编的《说郛》101卷中，书中对蹴鞠的形式分类做了详细介绍。这是其中第五篇《三人场户》中的一幅插图。

钱选《临苏汉臣宋太祖蹴鞠图》（局部）［上海博物馆藏（元代）］

宋代时期很多王公贵族都十分爱好蹴鞠活动。此图描写宋太祖赵匡胤与近臣赵普等人一起玩蹴鞠的情景。

戴敦邦《水浒传人物画》

宋徽宗赵佶也是一位喜欢蹴鞠的皇帝。他政治上懦弱无能，但文艺上却颇有才华，诗书琴画、踢球游戏无不精通。

《事林广记·圆社摸场图》［中国国家图书馆藏（宋代）］

"白打"是唐宋时期发展起来的一种较具观赏性与娱乐性的蹴鞠形式，一般都在两三人之间进行。图为宋代圆社中三人进行"白打"式蹴鞠比赛时的情景。

商喜《明宣宗行乐图》
（局部）［故宫博物
院藏（明代）］
《明宣宗行乐图》
中反映明宣宗朱瞻
基于亭内观看大臣
们进行蹴鞠活动情
景的真实记录。

又和溜冰结合在一起，出现了一种"冰上蹴鞠"的活动。玩时双方数十人分位而立，各有统领，扎一彩球并将其抛起，众人群起而争，边滑边踢球，互相追逐嬉戏。这实际上是一种非常讲究技巧的古代冰球运动。

唐代时期出现的击鞠，即马球，也是一种十分典型的球类游戏方式。击鞠最大的特点，就是游戏者必须乘坐在骑乘上击球，这就要求游戏者不但要有过人的击球本领，而且还

宋代笔筒图绘中三人正在玩"白打"
游戏，另一人正侧立一旁观看、助威。

要有过人的骑乘本领，这样才能在游戏时战胜对方。击鞠的球场、球具和玩法上也都与蹴鞠有所不同。其球场形制一般是在一端立双桓置板，下开一孔为门，门上挂有网囊，也有的是在两端各立一门。游戏者分成两队，每人手中拿一根头部弯曲如偃月的球杖，骑在马上用球杖争球，抢得球后还要把球击入球门上的网囊中，谁击入网内的球多谁便算赢。

到了宋代时，击鞠之戏常常被用于宫廷表演。如据《东京梦华录》记载，当时的宫廷中经常举行击鞠比赛，赛时还有"小打""大打"之分。游戏时先在殿前设立一个用花彩扎起来的小球门，百余名男子分成两队，一队穿红，一队着绿，两队都骑在雕鞍结彩的驴子上。每队中都有一个首领，手中拿着一条彩画球杖。

曹植《名都篇》中有关击鞠的记载（书影）马球古称"击鞠"，早在魏晋时期就已出现，曹植《名都篇》中就有"连骑击鞠壤，巧捷惟万端"的诗句，描写了少年们走马击鞠的情景。

佚名《马球图》［英国维多利亚与艾尔伯特博物馆藏（唐代）］

唐代时期，马球已经成为一种流行的宫廷游戏活动，甚得皇帝与大臣们的青睐。图中左右两名壮士各穿白袍，伺机出击，中央两名壮士则身着灰衣，抡臂抢球，当是唐代宫廷进行马球比赛时的真实记录。

首领将球击起，两队人马便开始争夺，一队力图将球击入网内，一队则尽量将球击出，这种游戏方式被称为"小打"。也有骑马比赛的，则称为"大打"。这种游戏方式由于具有很强的竞技性，因此颇受皇帝、贵族们的追捧，被经常运用到节庆宴席中作为一个助兴节目。

与击鞠相类似的"步打""木射"等，也是一些较为常见的古代球戏活动。"步打"也叫"步击""捶丸"，源自唐代，流行于宋元。其游戏方法是：在旷地上画1尺见方的球基，

唐代彩绘马球泥俑 a。
击球者头戴尖顶帽，足蹬黑皂靴，正
在马上扬杆击球。

唐代彩绘马球泥俑 b。

唐代彩绘马球泥俑 c。

唐代彩绘马球泥俑 d。

山西省洪洞县广胜寺水神庙明应王殿壁画（元代）
"步打"也叫"捶丸"，是一种徒步持杖击球的游戏形式，类似于现代的高尔夫球。
此画中描写了一幅元代贵族玩步打游戏时的生动情景。两位身穿赭色衣袍的官吏站
在一块深山之巅的平地上，各自挥动球杆进行角逐比赛。中间有一个较大的球窝，
谁先将球击入窝内谁便算赢，旁边还有两名侍者持杆侍奉。这种游戏方式与坐在马
上击球的"马球"显然有所不同。

商喜《明宣宗行乐图》（局部）［故宫博物院藏（明代）］

明宣宗朱瞻基与大臣们一起进行步打游戏时的情景。图左侧为明宣宗，手持球杆正对准球窝击球，旁有多名大臣则手拿球杆在一旁等候。球场上插有彩旗，表示球窝的位置。从这幅图中，可以清楚看出明代步打活动的真实状况。

离球基60至百步处，做若干球窝，旁树彩旗。游戏者轮流持木棍从球基将球击入球窝，很像现代流行的高尔夫球。

"木射"则有些类似于现在的保龄球。"木射"起源于唐代，又名"十五柱球戏"。其玩法是在场地一端竖立15根笋形平底的木柱，在每根木笋上用红、黑颜色各写一字，红的为"仁、义、礼、智、信、温、良、恭、俭、让"，黑的为"傲、慢、佞、贪、滥"，红黑相间，作为目标，用木球从场地的另一端滚去，命中红笋者为胜，中黑者为负。

唐代木射球图。图中一人已将一球投出，对面有十五根球柱，分别标以红黑二色，击中红色者为胜，黑色者为负。此人身后有三人席地而坐，正在等候击球，旁边还有一个裁判。

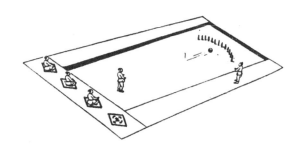

　　中国古代的球戏还有多种，这里就不再一一列举。总的来看，球戏都是以球为具而展开的游戏活动，它们讲究技巧，富有竞争性，因此深得古人的喜爱。许多球戏具有十分悠久的历史，有的甚至一直延续至今，仍在广大群众中盛行。

　　除了投射、球戏以外，中国古代的秋千、毽子、空竹等，也都是一些富有竞技性的游戏方式。如果说，古代的投射游戏主要是凭借一种"射技"，球类游戏主要是凭借一种"球技"，那么秋千实际上考验的是一种"绳技"。秋千在我国晋代时期就已开始流行。

秋千之戏相传从居住在河南东部的一个少数民族山戎处引入，《古今艺术图》云："秋千，北方山戎之戏，以习轻矫者。"唐宋时期，荡秋千活动在民间广为流行，尤其是得到了广大女性的喜爱。图为古代妇女们在玩荡秋千时的情景。

古代妇女在玩荡秋千时的情景。

宗懔《荆楚岁时记》云："春节，悬长绳于高木，士女袨服，坐立其上，推引之，名秋千。"[1] 这种游戏主要讲究的是掌握绳索的惯性，利用绳索的前后摆动，荡出各种各样的姿势，因此需要相当的技术。最为普通的形式是在木架上悬挂两绳，下系横板，游戏者在板上或坐或立，摆动秋千，让身体随着秋千的摆动而上下起落。

除此以外，中国古代的荡秋千还有一些技巧性较强，难度较大的方式。如玩"纺车秋千"时要在两个柱架上开孔，设置四块横板，呈辐射状，板上共坐四人，由他人帮助转动，然后利用惯性反复起落，如同纺车转动。"推磨秋千"玩时要在柱架上装轴，上系四绳，绳末各有一环。游戏之人各抓一环，绕柱旋转。"磨担秋千"则如跷跷板游戏，板上左右各坐一人，以互落互起为戏。

我国古代的文人对于这些高超的秋千技巧多有咏诵，如唐代诗人高无际《汉武帝后庭秋千赋》描写道："乍龙伸而蝼屈，将欲上而复低。擢纤手以星曳。腾弱质而云齐。一去一来，斗舞空之花蝶。双上双下，乱晴野之虹霓，轻如风，捷如电，倏忽顾盼，万人皆见，香裙飒以牵空，珠汗集而光面，时进时退，以游以遨，类七纵而七舍，期必高而让高。"诗中将宫女们荡秋千的情景描绘得那样生动逼真，

---

① ［宋］陈元靓：《岁时广纪》，中华书局，2020 年版，第 317 页。

将她们荡秋千的技术表现得那样高妙娴熟，这正可从一个侧面反映出中国古代秋千技术的发达。

荡秋千之戏到了唐宋时期成为一种非常普遍的游戏活动，特别是在妇女、儿童中广泛盛行。每逢春日秋节，妇女、儿童们都要玩这种有趣的游戏活动，皇廷和军队中也常以秋千之戏为乐。宋时军队中还出现了一种"水秋千"的形式，它是秋千技术与跳水技术结合的产物。届时在船上立起秋千架，敲起大锣大鼓。荡秋千之人将秋千高高飞起，到了秋千与架顶相平的高度时，突然飞身跳起，翻筋斗掷身投入水中。这种荡秋千的技巧不是一般人所能掌握的，它必须经过长时间的演习和训练。

踢毽子也是我国古代较为盛行的游戏形式。毽子古称"抛足戏具"，是一种将鸡毛插在圆形底座上做成的游戏器具。早在汉代时期，毽子游戏已经出现，在六朝和唐宋时期盛行于民间，特别是在儿童群体中十分普及。宋高承《事物纪原》云："今时小儿以铅锡为钱，装以鸡羽，呼为毽子，三五成群走踢，有里外廉、拖抢、耸膝、突肚、佛顶珠、剪刀拐子各色，亦蹴鞠之遗事也。"①这里所谓的"里外廉""拖抢""耸膝""突肚""佛顶珠"等，都是一些踢毽子时常用的技巧。到了元明清时期，毽子游戏仍很盛行。《帝京岁时纪胜》载："都门有专艺踢毽子者，手舞足蹈，不少停息，若首若面，若背若胸，团转相击，随其高下，动合机宜，不致坠落。"可见，当时的踢毽子技艺已经达到了炉火纯青，出神入化的程度。

---

① ［明］冯梦龙编纂，刘瑞明注解：《冯梦龙民歌集三种注解》，中华书局，2005年版，第242页。

三　斗智：围棋、象棋、七巧板和九连环

　　斗智游戏是指那些主要通过智力上的竞赛、较量来获得愉悦、快乐的游戏方式，斗智游戏是人类智能活动高度发展的产物。从生理机制上来分析，人体的运动不但包括体力方面，而且也包括智力方面，这种智力运动，主要是指人类的概括、判断、推理等思维活动，它是人区别于动物的特殊运动方式。人类的智力运动与体力运动一样也具有一定的非功利性。换言之，当人类并不需要用自己的智力来解决现实问题，为现实需要服务的时候，人类仍要进行一定的运动，这种运动的结果就是人类产生了智能型的娱乐方式，其中主要的一个方面就是智力游戏。

　　在上古时代，人类的智力尚未得到充分的开发，因此智力型游戏尚不多见。但是随着历史的发展，人类的生活条件逐渐改善，智力水平也有了很大的提高，各种智力型游戏于是开始大量产生出来，如棋类游戏、牌类游戏、数学游戏、文字游戏等，都是人类游戏史上十分典型的智力游戏形式。这些智力游戏中一部分是非竞争性游戏，游戏者主要是通过自己对于一些智力问题的思考和分析来解决某些问题，得出某些结论，由此而产生一种愉快的情绪。但是更多的是竞争性游戏，即几个游戏者在游戏中通过解决某一问题的能力、速度、技巧等方面的较量、竞赛来决定胜负，分出高下。这种竞争性的智力游戏，不但使人实现了智力能量的释放，而且也使人感受到了战胜他人的愉悦，因此这类游戏活动自古至今一直深得人们的喜爱。

在中国古代游戏史上，围棋、象棋等棋类游戏都是属于智力型的游戏形式，其中又以围棋的历史最为悠久。明谢肇淛云："古今之戏，流传最久远者，莫如围棋。"① 早在先秦时期，围棋已在社会上流行，到了汉魏唐宋时期，围棋得到了很大的发展，直至元明清几代，围棋还是一直盛行不衰。这种能够历时数千年而经久不衰，传承无数代而始终不绝的游戏形式，在中外游戏史上都是少见的。围棋的着法和规则十分复杂，它主要是通过做眼、点眼、打劫、围、断等多种技术和战术吃子和占有空位，制胜对方。通常分为布局、中盘、收官三个阶段，

周文矩《重屏会棋图》［故宫博物馆藏（五代）］
围棋是一些帝王闲暇之时消遣解闷的一种很好方式，图为南唐中主李璟与其三个兄弟下围棋时的情景。四人身后屏风上画有白居易的"偶眠"图。

---

① ［明］谢肇淛：《五杂俎》，上海书店出版社，2009 年版，第 116 页。

每一阶段各有重点着法。结局时将实有空位和子数相加计算，多者为胜。围棋的这些特点十分鲜明地体现了这种游戏的智能性。它要求人们必须为其花费大量的时间和心力，正像有人指出："凡戏皆取其热闹，围棋则取其寂静。凡戏皆用气力，围棋独运心思。黄山谷云：'心似蛛丝游碧落，身如蜩甲化枯枝'，可谓穷形尽相矣。"①这段论述，充分揭示了围棋游戏必须用心思考、必须高度发挥人的智慧和逻辑思维能力的特点。

围棋难度较高，用智较深，长期以来基本上都是在一些上层贵族阶级中流行，其普及程度较低。象棋的情况则与此不同。象棋虽然也是一种智力型棋类游戏，但是由于在形制和方法上都要比围棋简单，因此其普及程度要比围棋高得多。中国古代历史上，不但许多王公贵族喜欢下象棋，而且许多平民百姓也对它深为爱好。象棋的棋盘由9道直线和10道横线所组成，构成90个交叉点，棋子共32枚。这种棋戏由唐代时的宝应象棋演变而来，至宋时已基本定型，一直延续至今仍十分盛行。

除了围棋、象棋之外，中国古代还有很多棋类游戏，这些棋类游戏有的流传于宫廷皇室之中，有的则在广大民众中盛行。普通民众玩的棋类游戏在方法上一般都较为简单，因为古时普通民众文化程度较低，而且也不可能在玩棋、下棋上花费很多时间。例如，流传于陕西关中农村中的"丢方"，是一种农民们在田间休息之时玩的简单棋戏。玩时在地上画出5个或7个方格，将石子、土块当作棋子，方法有"丢五方""丢七方""狼吃娃""衡四顶"等。这类棋戏

---

① 尚秉和：《历代社会风俗事物考》，岳麓书社，1991年版，第395页。

活动在其他地区的农村中也经常可以见到。

中国古代的七巧板、益智图等，是不同于棋类游戏的另一类智能游戏方式，是通过对一些不同形状的木板或纸板进行不同形式的排列组合，由此拼出各种事物形象的拼图游戏方式。七巧板原先主要在文人中流行，后来流传到民间，特别受到了少年儿童的喜爱。它一般是用一块正方形的薄板裁成大小、形状不同的7块几何图形，然后将这7块板按不同的方式拼合起来，组成人物、动植物、住房建筑、山亭楼阁、船桥车马、花卉鸟虫等各种图案。这种游戏构思巧妙，变化无穷，能够增强人的想象力和判断力，活跃人的形象思维，尤其对启发儿童的智慧很有益处。七巧板渊源于唐代的"燕几"。"燕几"也叫"骰子桌"，是一种古人在宴会上用的桌子，这种桌子一套共有六张，大小形状各不相同。在宴席中，人们将这些桌子摆成各种图案，以增加宴会的欢乐气氛。宋代有人专门撰写过一本《燕几图》，对当时的燕几形制做过较为详细的描述："燕几图者，图几之制也……，而几之制以成纵横离合，变态无穷。率视夫宾朋多寡，

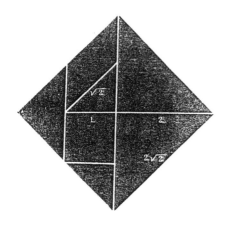

七巧板渊源于唐代的"燕几"，俗名"骰子桌"。原来是根据七张桌子摆放的不同位置来进行游戏，后改为七块不同形状的硬纸板组成一个正方形，拆开后可拼成人物、花卉、鸟兽等各种物体形象，颇受妇女儿童的喜爱。

用几组七巧板拼成
的各种人物、动物
造型。

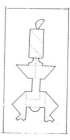

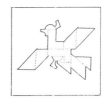

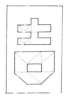

这是比七巧板玩法
更为复杂一些的"八
卦阵"游戏，也为
过去七夕娱乐节目
之一。

杯盘丰约，以为广狭之则。遂创为二十体，变为四十名，因体定名，因名取义，谓之骰子桌，盖拟其六也。"① 后来，燕几从六几变为七几，易名为"七星"，这就是七巧板的雏形。后又经人们改制，将燕几桌改为纸板，于是真正的七巧板就出现了。

益智图是继七巧板之后出现的又一种拼板游戏，相传为清光绪年间文人叶庚创制。他根据民间流传的七巧板，取《易经》中"一画、二仪、四象、八卦"合起来的数目，将拼板改为15块。这15块小板，可以拼合成各种人物、动物和其他形状，由于比七巧板增加了板块数，致使圆缺方长、尖斜曲直诸形皆可拼出。

中国古代还有许多既要依靠一定的智力，又要依靠一定的技巧才能得以进行的游戏方式，例如九连环就是如此。九连环又名"连环套""巧环"，宋代时就已产生。宋周邦彦有《解连环》词云："纵妙手能解连环。"九连环最早是用金属丝制成的，共有圆形小环九个，互相串联在一起。游戏者要想方设法将它们一一解开，然后再一一合起来。明《丹铅总录》云："九连环，两者互相贯一，得其关捩，解之为二，又合而为一。"后来九连环也有用铜或铁制作的，其玩法也越来越多，各环可分可合，变化多端。这种游戏玩时需要经过周密的思考，在上环和解环的程序中不能有一步出现错误，套错一个环，后面的程序全被打乱，就不可能解开所有的环。因此它实际上是一种既能锻炼人的逻辑思维能力，又能锻炼人的技能技巧的一种智力型游戏方式。

---

① ［宋］佚名：《燕几图》，上海书店出版社，2015年，第70页。

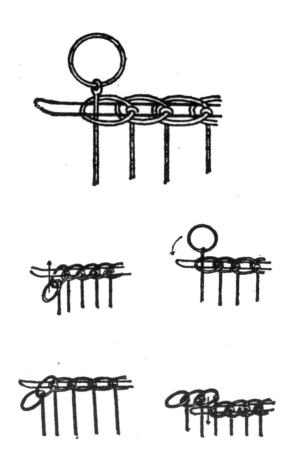

"九连环"又名"连环套""巧环"，宋代时就已产生。以金属丝制成九个圆形小环，一一相套，能将其解脱者为胜。变化多样，有益于智力的发展。

四 猜射：射覆、藏钩、谜语和酒令

猜射类游戏是我国古代传统游戏中一种非常普及，而且也是非常有趣的游戏方式，它主要是通过游戏者对某些事物的形状、大小、颜色、数量等方面进行猜测、揣度来决出胜负，以此创造出一种有趣、欢乐的游戏效果。猜射游戏从一定程度上来说也是一种智力游戏，因为它主要也是依靠人的判断、推理来进行活动的。但是与一般智力游戏不同的是，猜射游戏所做的判断和推理带有一定的随意性，其猜射所依据的条件并不一定与所猜事物之间存在着必然的联系，这就与围棋、象棋等完全依靠逻辑判断来进行游戏有所不同；另一方面，猜射游戏在对于各种客观条件的掌握和运用上又要超过一般的智力游戏。猜射游戏者必须充分利用自己丰富的生活经验和各种社会知识，来提高判断、猜测的能力，这样才能获得较高的猜射准确率。

猜射游戏中较为原始的是一种称为"射覆"的游戏形式。所谓"射覆"，就是在瓯、盂等器具下覆盖某一物件，让人猜测里面是什么东西。《汉书·东方朔传》写道："上尝使诸数家射覆。师古曰：数家，术数之家也。于覆器之下而置诸物，令暗射之，故云射覆。"① 据此来看，汉代时期皇宫中已经流行射覆游戏。射覆所藏之物大都是一些生活用品，如手巾、扇子、笔墨、盒罐等。

在汉代皇宫中，还盛行一种用玉钩来作为射覆之物的游戏活动，那就是所谓的"藏钩"。藏钩据说是在汉武帝时创制的，当时它经常被用来作为皇宫中宴请宾客之后的娱乐助兴节目。周处《风土记》记载：义阳腊日饮祭之后，叟姬儿童"为藏钩之戏，分为二曹，以校胜负。若人偶即敌对，人奇即奇人为游附，或属上曹，或属下曹，名为'飞鸟'，以齐二曹人数。一钩藏在数手中，曹人当射知所在。

---

① ［唐］欧阳询：《艺文类聚》，中华书局上海编辑所，1965 年版，第 236 页。

一藏为一筹，三藏为一都。"① 由此可见，至晋代时，藏钩游戏在人员分配、活动形式、奖惩制度等方面都已形成了一套较为完备的定制。由于这种活动具有很强的趣味性，其玩法又较为简单，因此深得人们的喜爱，特别是受到了广大妇女儿童们的欢迎。晋代时每逢腊日祭饮以后，妇女们便要用玉钩、银钩等物玩藏钩之戏。特别是在每月的十九日，古称"下九"，这是一个古代妇女的节日，届时妇女们要置酒畅饮。元代伊世珍《琅嬛记》引宋无名氏《采兰杂志》曰："九为阳数，古人以二十九日为上九，初九日为中九，十九日为下九。每月下九，置酒为妇人之欢，名曰阳会。盖女子阴也，待阳以成。故女子于是夜为藏钩诸戏，以待月明，更有忘寐达曙者。"唐代的藏钩之戏十分盛行，唐时许多诗人都作过这方面的诗咏，如李商隐诗云："隔座送钩春酒暖，分曹射覆蜡灯红"；皮日休诗云："投钩列座围华烛，格塞分朋占靓妆。"诗中描写了当时人们饮酒作乐、藏钩射覆的生动场面。

　　猜射游戏中的另一个相当重要的门类是谜语。谜语在中国文化史上具有很大的影响，其主要的表现形式，是运用语言文字上的各种特点，将一些事物的意义或形象隐藏起来，供人揣度和猜测。因此，谜语实际上是一种语言文字性的游戏活动。谜语的前身被称为"廋词"或"隐语"，早在春秋时期，谜语的雏形已经出现，当时一些游士为了说服君王相信自己的主张，往往先不把本意说出来，而是借用一些隐语来暗示，使君王从中得到启发。到了秦汉以后，隐语演变出两种重要的形式，一种是以描写事物特征为主的事物谜，另

① 尚秉和：《历代社会风俗事物考》，岳麓书社，1991年版，第382页。

一种是以文字形义为主的文义谜。南朝刘勰在《文心雕龙》中，对谜语的来源、性质和类型做过比较详细的论述，他说："自魏代以来，颇非俳优，而君子嘲隐，化为谜语。谜也者，回互其辞，使昏迷也。或体目文字，或图象品物，纤巧以弄思，浅察以炫辞，义欲婉而正，辞欲隐而显。"[①] 他认为谜语源自古代的讽谏，其实质是将话的意思说得委婉、曲折一些，使人难以一听便知。谜语有的是解析文字、有的是图解事物。这些论述，对谜语的情况做了较为明确的阐释。当作为谜语前身的隐语逐渐淡化了它的功利目的，变成一种文人们闲玩的纯粹的文字性娱乐活动时，具有游戏意义的谜语才真正开始产生。

随着音韵学、文字学、诗学和词学等一系列古代小学与文学的发展，谜语成了一种非常普及的游戏方式，尤其是不少文人对于猜谜游戏非常喜好，他们经常做出许多有趣的谜语供人猜玩。至唐代时，社会上除了出现大量的事物谜和文字谜以外，还出现了大量的诗谜，如"敲诗""打诗宝""诗钟"等。这些谜语大多是将某些诗句进行特殊处理，变成缺字、隐义等的格式，要求人们通过思考去进行猜射游戏，以此增添无穷的乐趣。

到了宋代，由于元宵灯会的盛行，又产生出"灯谜"这种独特的猜谜形式。灯谜是一种将谜语贴在花灯上，让人一边赏灯，一边猜谜的游戏方式。由于各种形状的灯彩衬托，人们猜谜的兴致更是高涨。灯谜大约起于宋仁宗时期，王文濡《春谜大观》序云："旧籍相传宋仁宗时……上元佳节，金吾放夜，文人学士相与装点风雅，

---

① 周振甫：《文心雕龙今译》，中华书局，2013年版，第155页。

歌颂升平，拈诗成谜，悬灯以招猜者。"有关猜灯谜的材料，在《东京梦华录》《武林旧事》《都城纪胜》等一些宋代笔记中也都能找到，这说明宋代时猜灯谜的活动已经十分盛行。

古代的谜语大都出自文人的笔下，它们经过精心的构思和设计，有些甚至大量运用诗词典故，因此有相当一部分是很难猜出的。这些谜语常被称作"诗虎""灯虎"，意思是它们如同老虎那样难射。其实，古代民间也有大量的制谜、猜谜活动，这些谜语简单明了，富有生活情趣。如相传古代元宵节灯会时，有一个叫王少的穷人到财主笑面虎家借粮，遭财主拒绝，于是他便在第二年的元宵节制作了一只大灯笼送到财主门口，灯笼上写着一则谜语道："头尖身细白如银，论称没有半毫分，眼睛长在屁股上，只认衣衫不认人。"财主看了大怒，认为是在诽谤谩骂自己，便令家丁砸灯。但是王少却从容地解释说，这是一个谜语，其谜底是"针"。这虽是一则笑话，但却可以看出当时下层人民所作的灯谜，其用语是十分平直通俗的。

中国古代游戏中还有一种比较特殊的猜射类游戏形式是酒令。酒令的产生与中国古代酒文化的发达有很大的关系。中国是一个具有悠久的酿酒历史的国家，中国的古人历来都很喜欢喝酒。夏王朝的夏桀，曾"为酒池，可以运舟"；商王朝的纣王曾"造酒池肉林"，好为"长夜之饮"；周王朝的穆王曾有"酒天子"之称，他们都是中国历史上有名的爱喝酒的皇帝。到了汉代，由于国家统一，经济繁荣，人民生活较为安定，因此饮酒之风更为盛行。西汉初，朱虚侯刘章在一次宴会中以军法行酒，中有一人不堪其醉逃席，被刘章追回后斩首。西汉时的梁孝王曾召集许多名士到梁苑喝酒，并令枚乘、路乔如、韩安国等作赋玩乐。韩安国作《几赋》不成，邹阳替他代笔，被罚酒，而枚乘等人则得到赏赐。这种在喝酒时制出一定的规则，如有违反则必须受到处罚的做法，实际上已经开创了酒令的先河。

酒令的真正兴盛是在唐代。由于贞观、开元之治，唐代的农业、商业空前繁荣，社会安定，因此设宴饮酒、纵乐成了当时社会的一种普遍风气，大量的酒令也在唐代开始出现。宋《蔡宽夫诗话》云："唐人饮酒必为令，以佐欢乐。"从地下发掘的考古材料也证明，唐代是一个喝酒成风，酒令盛行的时代。例如，1982 年在镇江丹徒丁卯村一座唐代银器窑中，发现了"论语玉烛"酒筹筒和 50 根酒令筹，这是十分宝贵的唐代酒令资料。唐代的酒令名目已经十分繁多，如有历日令、鼍头令、瞻相令、巢云令、手势令、旗幡令、拆字令、不语令、急口令、四字令、言小字令、雅令、招手令、骰子令、鞍马令、抛打令等，这些酒令汇总了当时社会上流行的许多游戏方式，这些游戏方式为酒令增添了很多的娱乐色彩。

唐代以后，酒令游戏仍然盛行不衰，其名目也越来越多。这些酒令中有很大一部分是猜射性的，它们或猜诗，或猜物，或猜拳，总之，它们都是以猜测某些东西的方式来决定胜负，然后进行赏赐或罚酒，如王定保《唐摭言》载："赵公令狐绹镇维扬。祜常预狎谦，公因熟视祜。改令曰，上水船，风太急，帆下人，须好立，祜答曰：上水船，船底破，好看客，莫倚柂。"[①] 这是一种诗文类的行令方式。前人念一句酒令诗后，后一人必须以相同的格式应对，否则便算输，必须罚酒。猜物类的酒令叫作"猜枚"，玩时由行令的人拳中藏握一些小件

① ［宋］李昉：《太平广记》，中华书局，1961 年版，第 1948 页。

物品，如棋子、瓜子、钱币、干果等，供人猜测。有猜单双、猜颜色、猜数目等多种猜法，猜中者为胜，猜不中者为负，负者要罚酒。

酒令游戏中最为通俗，也最为热闹的方式是猜拳，也叫"划拳""豁拳""拇战"。它是由两人同时伸出几根手指，并同时喊猜所伸手指的合计数的一种游戏方式。如手指数被一方猜中，另一方便算输，须罚酒。明李日华《六

汉代壁画中猜拳行令的场面。[河南省洛阳市偃师区辛村新莽墓出土（东汉）]

图画上部四人张开手掌正在饮酒猜拳，下部两人则在进行六博。

研斋笔记》中云："俗饮以手指屈伸相博，谓之豁拳。盖以目遥觇，人为己伸缩之数，隐机斗捷，余颇厌其呶号。"[1]猜拳中喊出的数目都有一定的口彩，而不仅仅是只有几个干巴巴的数目字。如"一品香""二相好""三元及第""四季发财""五京魁首""六六顺""七巧""八仙过海""快得到""满堂红"（或"全来到"）等。这些酒令词都有讨吉利的含义。由于猜拳之戏形式简单，通俗易学，又带有很强的刺激性，因此深得广大民众的喜爱，在中国古代一些普通的民间家宴中，用得最多的就是这种酒令方式。

五　博戏：骰子、骨牌和纸牌

　　博戏是人类游戏活动中一种较为特殊的游戏方式。博戏的主要特点就是游戏的胜负结果要以钱财来兑现。在游戏活动中获胜的一方，可以获得由负者一方支付的一定数量的财产钱物，因此这种游戏方式实质上是一种具有赌博性质的活动。但是，博戏与真正的赌博还是并不完全相同的。真正的赌博的娱乐性较弱，而博戏的情况却并非如此。博戏主要追寻的是一种情绪上的刺激，只不过由于有了钱财因素的介入，这种游戏方式刺激性更为强烈、突出而已。这也就是说，真正的赌博多数是一种经济行为，以敛财为目的，而博戏则是一种以一定财物的归属为条件而产生的，具有较强刺激性的娱乐活动。

① ［清］崔灏：《通俗编附直语补证》，中华书局，2013年版，第440-441页。

博戏在活动方式上的特点，是追求事物的偶然性。具有必然性、完全可以预测其性质的事物是难以用于赌博的。世界上没有一个人会去玩明知道完全没有可能赢，只不过是去白白送钱的游戏。只有具有一定偶然性的、胜负难以预料和需要猜测的游戏方式，才能用以博戏，才会使每个游戏者都有机会战胜对方，赢得钱财。

中国古代最为重要，最有影响的博戏形式是掷骰子。骰子最早产生时形状各异，上有各种刻纹，后来则统一为正方形或长方形，上刻一、二、三、四等点数，并以红、黑颜色相区别。由于骰子的点数可以有许多种不同的组合方式，而掷骰时人们又无法预测所定的点数，因此骰子从产生之日起，便与赌博结下了不解之缘。

古代墓葬中出土的骰子。

中国古代的绝大多数博戏活动，都要通过掷骰来进行，有些博戏是直接用掷骰的方式来决出胜负，也有一些博戏则是要通过掷骰与行棋、打牌的结合才能决出胜负。前一种方式比较适合于文化层次较低、赌博意图较强的人玩乐，而后一种方式则比较适合于文化层次较高，更注重精神享受的人玩乐。但是，尽管具体的表现形式有所不同，这些游戏活动都有一个共同的特点，那就是"悬于投"。汉代班固在《弈旨》中云："博悬于投，不专在行。"也就是说，博戏都是要通过掷骰子这种带有很大偶然性的方式来进行游戏。这种"悬于投"的特点，也成为中国古代的"博"与"弈"之间一个重要的分界线。"博"虽然也有很多是要行棋的，但由于都要用到骰子，因此博戏的实质与完全凭智力来战胜对手的围棋、象棋有着很大的不同。

中国古代的六博、樗蒲、双陆等游戏形式，都是属于行棋类的骰子博戏。六博本有大博和小博之分，大博用骰 6 枚，称为"箸"，小博用骰 2 枚，称为"茕"。《颜氏家训》云："古者大博则六箸，小博则二茕。"在比赛的时候，双方互掷骰子，行棋步数则主要根据博彩而定。得贵彩者走的步数多，得杂彩者走的步数少。由此可见，六博之戏与骰子的关系非常密切，由于博彩具有很大的偶然性，因此六博在古代时主要就是一种博戏的形式。

樗蒲、双陆等戏，也要经过掷骰子来决定行棋程序。樗蒲所用的骰子共有 5 枚，有黑有白，称为"五木"。它们可以组成 6 种不同的排列组合，也就是六种彩。其中全黑的称为"卢"，是最高彩，四黑一白的称为"雉"，次于卢，其余 4 种称为"枭"或"犊"，为杂彩。掷到贵彩的，可以连掷，或打马，或过关，杂彩则不能。

双陆中的骰子为 2 枚，棋子称为"马"。行马时，可以根据两枚骰子的不同点数分别行两马，也可按两枚骰子点数之和独行一马。如掷得 3 和 5，合为 8 点，可一马走 3 步，一马走 5 步，也可一马走 8 步。有的双陆还规定"归梁"后要将马出尽。两枚骰子之和在 6 点以上者出二马，不足 6 点者不得出马。

也有一些是不通过行棋而直接依靠掷骰子来分出胜负的博戏方式。这类博戏由于全凭骰子之彩的偶然性来决定胜负，不需要认真思考，因此其赌博性更强，也更受喜欢刺激感之人的欢迎。如流行于东晋时的"五木"、流行于唐代时期的"投琼""彩战"等形式就是如此。"五木"本是樗蒲行棋时的一种掷骰活动，但后来"五木"逐渐从樗蒲中分离出来，变成一种独立的游戏。玩五木时不需要进行复杂的行棋，只要掷出骰子便可决定胜负。因此此法一出，便立即盛行于世。当时的许多士族、庶族和普通百姓都喜欢用这种方式来进行博戏。唐代"投琼""彩战"之戏的形式与五木十分相仿。随着双陆的盛行，双陆中的骰子在唐朝时也开始从双陆中分离出来，由于它的排列组合比五木复杂、有趣得多，因此它很快就取代了五木，成为唐后 1 000 余年中最为流行的博戏方式。双陆中的骰子原为两颗，唐中期以后，双陆中要用到的骰子数量发展为六颗，六颗骰子可以组成难以计数的排列组合方式，于是便形成了后世名目繁多的"骰子格"。它们的总体原则是，以同色（又称"浑花"，全部为一种点数）为贵，驳杂为贱。在同色中，又以红色为贵。各彩都有特殊的名称，如四枚"四"称为"满园春"，为最高彩，四枚"幺"称为"满盘星"，四枚"六"称为"混江龙"，四枚"三"称为"雁行儿"等。

到了清代，随着商品经济的发展和市民阶层的扩大，掷骰博戏在中国的各个城镇中大范围普及起来，其名目和形式也极其繁多，如"赶老羊""掷挖窖""摇摊""压宝"等。这些博戏都是利用骰子来开展活动，它们大都具有十分浓厚的赌博性质，其输赢结果会使人或大发横财，或倾家荡产。

除了骰子以外，中国古代博戏中较为重要的形式还有骨牌。骨牌产生的时间约在北宋宣和年间，故亦称"宣和牌"。明人张自烈《正字通》"牌"云："牙牌，今戏具也。俗传宋

乡村中掷骰子游戏十分盛行，掷骰时用一个大碗置于地下，将几枚骰子掷入其中，根据其点数决定胜负。由于掷骰游戏玩法简单，偶然性又较强，故深得那些文化程度不高的下层民众喜爱。

宣和二年所设，高宗时诏颁行天下，名曰'骨牌'，如博塞、格五之类。"① 骨牌实际上是由骰子演变而来的，它的每扇牌面上都由两个骰子面拼成，如两个 6 点便成"天牌"，两个"幺"便是"地牌"，一颗 5 点、一颗 6 点拼在一起便是"虎头"。骨牌之名，来自它的材料，因骨牌大都是用牛骨制成的；也有用象牙制成的，故亦称"牙牌"。骨牌的构成远较骰子复杂，因此它的玩法也比骰子更为多变和有趣。如明清时期盛行的"推牌九""打天九"等，都是一些非常能够引起人们兴趣的游戏方式。

推牌九主要是用骨牌点数的不同组合来比大小，以此决出胜负。如最大的牌为"至尊宝"，由"二四"与"幺二"组成，下面依次为"天牌""地牌""人牌""和牌""梅花""长三""长二""虎头"等对子，再以下是不能组成对的杂牌，杂牌中也有大小。推牌九时一般是轮流坐庄，庄家将牌砌好，用骰子掷出点数，然后按顺序将牌分配到每个参赛者手中，由其他人的牌来与庄家比大小。如比庄家大的，庄家赔注，比庄家小的，庄家吃注。

打天九的玩法与推牌九相似，也是以骨牌的点数组合来比大小，可四人玩，也可三人玩。玩时先掷骰，然后以所掷点数依次抹牌打牌。牌类有文牌、武牌之分。文牌又可分为大牌（天、地、人、和）、长牌（长三、长五、长二）、短牌（幺五、幺六、四六、虎头）三种。同类牌中的大牌可以打小牌，但不同类的牌则不能互打。如文牌中的天、地、人、和四种牌可以依次相打，又可总打以下的长牌和短牌，长牌可以打短牌，短牌内部还可根据点数以多打少。武牌也同样。

---

① ［清］顾禄：《清嘉录　桐桥倚棹录》，中华书局，2008 年版，第 137 页。

但文牌和武牌之间则不能相打。打天九还可用骨牌副子相打。最大的是"至尊"，以下是一文一武合成的副子，如"天九"（天牌合四五）、"地八"（地牌合二六）、"人七"（人牌合三四）、"和五"（和牌合二三、幺四）等。这些副子可依次相打。这种玩法最后还要有一轮"结"，能"结"才算获胜。

骨牌博戏中最有影响力的是麻将这种形式。麻将原属于马吊牌系统，其牌式主要有"文钱""索子""万贯"等。但它的形状、

麻将是由骨牌演变而来的博戏形式，起源于清中叶，在中国民间具有极大的影响。打麻将时四人成局，轮流坐庄，以谁能将牌凑成"坎"或"成"后摊牌"和"者为胜。图为清代妇女春节打麻将情景。其中一人将手扬起，正在出牌，另三人则低首注视，等待时机。

材料又与骨牌相似，大都是以骨面竹背做成，因此麻将牌实际上是一种纸牌和骨牌的结合体。与其他骨牌形式相比，麻将的玩法最为复杂有趣，它的基本打法简单，容易上手，但其中变化又极多，搭配组合因人而异，因此成为中国历史上一种最能吸引人的博戏形式之一。打麻将一般需要4人成局，轮流坐庄。庄家用骰子掷出点数，确定抹牌（摸牌）始处，然后各家开始抹牌和打牌。麻将的主要法则是将自己手中的牌尽快凑成规定的牌式组合，以便能够"和"。其中，最基本的牌式组合有两种：一种称为"坎"，由3张同色同数的牌组成；另一种称为"成"，由3张同色连数的牌组成。只要将自己手中的牌全部凑成"坎"和"成"，便可将牌摊出，称为"和"，这样就算获胜。除了最基本的牌式组合外，麻将牌中还有一些大牌牌式组合，这种大牌和牌后都要加倍，称为"番"。越是牌式组合的等级高，牌就越大，"番"得也越多。如一手牌全为一门的，称为"清一色"，一手牌全为"坎"的，称为"对对和"，一手牌里"中""发""白"三种全部成"坎"的，称为"三元会"，每组牌都有"幺"（一或九）的，称为"全幺"，这些大牌赢后都要翻几倍，也就是翻几番。

由于麻将复杂多变，刺激有趣，因此自诞生后，很快就成为整个中国最为盛行的博戏形式。无论是至高无上的皇帝，还是大权在握的重臣，对麻将感兴趣的都大有人在，至于一般的布衣平民、村夫俗子，喜欢搓麻将、斗雀牌的就更是不计其数。这一事实固然反映了封建时代的人们追求刺激、嗜好赌博的不良习尚，但同时也反映了麻将这种游戏活动本身无穷的和丰富的情趣。

中国古代博戏中还有一类是纸牌。纸牌古称"叶子"，最早出现在唐代。到了明清时期，叶子戏已经成为社会上非常盛行的一种博戏形式。当时的叶子戏主要有两种：一种是印有骨牌图案的骨牌叶子，这种叶子戏实际上是骨牌的翻版，只不过是将牌的材料由骨制改为纸制而已。但由于改成了纸制，骨牌叶子的流传范围就较原来传统的骨牌广泛得多。原来的骨牌体积大、分量重，制作不易，因此不利于普及推广。改为纸制后，其制作过程变得十分容易，价格和成本也要远远低于骨牌，因此这种形式在当时社会，特别是广大下层市民中广泛流行起来。很多贫苦的市民无力购买骨牌，就可以用这种纸牌来代替，以解其博瘾。

还有一种是绘有钱索、铜钱和人物形象的马吊叶子，也就是所谓的"马吊牌"，这种牌对后来的麻将影响极大。马吊叶子一般

叶子牌中的"索子"与"万子"。马吊叶子牌多以与钱有关的图形或人物形象出现，显示了其鲜明的博戏色彩。

共分四门，分别为"文钱""索子""万字""十字"。前两种绘有铜钱或钱索图形，后两种则绘有水浒中的宋江、武松、鲁智深等人物形象。对于马吊叶子的玩法，据明代潘之恒《叶子谱》所言："以军令行之，法分四垒……各执其八，而虚八为中营，主将护之……选将以卢卜，植帜于坛，而三家环攻之。"从此来看，打马吊以4人为局，每人为一垒，4人轮流抹（摸）牌，每人8张，余8张为中营（类似现在的压底牌），用掷骰来选出"主将"，即庄家，他可以支配中营的八张牌，其他3人则联合为一家与主将斗。斗牌的原则是以大击小，牌的大小以"十字""万字""索子""文钱"为序，只有"文钱"一门是以小管大。马吊叶子在明代十分流行，到了清初，

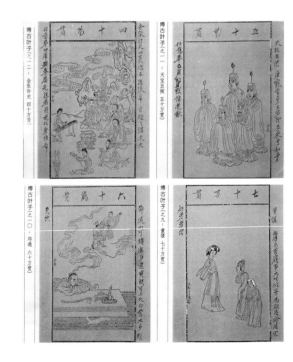

叶子戏是中国最为古老的纸牌游戏，产生时间约在唐代。图为绘有各色人物形象的马吊叶子，也叫"马吊牌"。

又变为"默和牌"。它只剩"万子""索子"和"文钱"3门,其基本打法是4人成局,每人抹(摸)牌10张,以三四张同门之牌连为一副,3张同色之牌也连为一副,3副牌俱成者为胜,这已经与麻将的玩法非常接近了。《红楼梦》第四十七回中,有一段贾母与薛姨妈、王熙凤斗纸牌的文字,有的学者认为她们打的就是默和牌。

从以上几种博戏的形式来看,骰子戏的历史最为悠久,早在商周时期的六博等游戏中,就已开始运用骰子来进行博戏。骨牌、纸牌则是唐宋以后发展起来的博戏形式,它们虽然不如骰子戏古老,但是对于世人的影响也十分巨大。同时,它们又都是在骰子戏的基础上发展、演变出来的,它们与骰子戏存在着相当密切的联系。骰子、骨牌和纸牌的共同特点是具有明显的赌博性。它们的胜负结果都要与游戏之人的财产钱物发生密切的关系,胜者赢钱,负者输钱。由于引入了金钱、财物的因素,这些游戏就变得十分富有刺激性,它们能够激起人们强烈的兴趣,并从中得到极大的满足和愉悦。

古代戏具掇英

　　戏具，是指在游戏活动中所运用的某些必需的器具，它们对于游戏活动具有非常重要的作用。一般说来，游戏活动必须具备三方面的基本条件：一是有一定数量的游戏人员；二是有某些事先确定的游戏规则；三就是必须有某些具备一定游戏功能的戏具。只有依靠着一定的戏具，游戏活动才能正常开展，游戏的规则也才能付诸实践。需指出的是，这里所谓的戏具与一般意义上的玩具并不是相等同的。戏具是某些游戏活动中必不可少的用具，是出于某些游戏规则的需要和规定而必须存在于某些游戏活动之中的，它们不能随意地被调换或更改，更不能随意地取消，否则游戏活动便会无法进行；而一般的玩具却并不受某些规则的限制，人们可以根据兴趣爱好而随意选取。例如，围棋、象棋中所用的棋子，都是典型的戏具，在玩围棋、象棋时，它们必须按照一定规则被运用，少了它们，或者将它们调换成其他的棋子，就不成为围棋或象棋了；相反地，诸如洋娃娃、泥塑的动物、玩具喇叭等，虽然也同样具有十分鲜明的娱乐性，但因为它们并不是某种游戏规则中所规定的必需用品，因此只能是一种玩具而不能称为戏具。

　　戏具的产生与社会生产水平和文化水平有很大的关系。在原始社会，由于社会生产力极为低下，人的认识能力和驾驭自然的能力也十分有限，因此当时的戏具大都处于十分原始和粗陋的状态，石块、木棒以及其他的一些简单的生产工具，都可以被人们用来作为游戏的器具。到了封建社会，社会生产有了很大的发展，人们的整体文化水平也有了很大的提高，因此一些较为精致、复杂的戏具便被不断创制出来。特别是具有开发人的智能意义的智力游戏戏具，如棋具、牌具等被大量地产生出来，其质地材料上也出现了骨制、木制、牙制、纸制、瓷制、玉制等多种类型。它们体现了封建时代科学技术的发展，生产水平的提高，也反映了社会文化的进步。但是封建社会中的各类戏具从总体上看还是较为鲜明地带有农业文明的特征，其中如植物型戏具（花、草等）、动物型戏具（鸡、鸭、牛、蟋蟀等）和家庭型戏具（纸牌、骨牌等）都占有很高的比例。只有到了现代社会，随着科学技术的高度发展和工业文明的逐步深化，一些科技型戏具（光、电、声、电视、电脑等）大量发展起来，才会出现诸如光学游戏、声学游戏，特别是电脑游戏等现代游戏形式。

就某一种具体的戏具的发展情况来看，一般也经历了一个由低级到高级、由粗糙到精致、由简单到复杂的发展过程。例如，中国古代起源甚早的球类戏具，最为原始的是石球，其形制十分笨重，玩的方式也十分简单。后来逐渐发展出木球、皮球、竹球、布球等多种类型的球具，它们的形制越来越趋于精致、巧妙，其游戏的方式也越来越趋于丰富、复杂、多样。

中国古代的戏具种类非常多，本书不可能一一详述，这里主要介绍几种较为典型的形式。

一　古代戏具之祖：球

球是中国古代最为古老的一种游戏器具。早在新石器时期，中国的原始先民们就已把石球作为一种戏具来进行各种各样的抛掷、踢击等游戏活动，这在本书第一章中已经做过介绍。至于为什么石球会成为原始先民们最早利用的一种游戏器具，我国的一些文化学者曾经对此作过诸多解释：其一，石球是圆形的，这种物体形状比其他物体更容易引起人们的兴趣；其二，石球的形状是人们现实生活中最熟悉、最常见的，因此容易使人们对其产生亲切感；其三，石球的形状使人便于掌握，便于抛接；其四，石球的形状符合当时人们的审美心理。在这些理由中，第三条理由最有说服力，因为圆形的东西便于滚动，具有灵活、多变的特点，因此很容易激起人们的兴趣。圆形的东西又比较容易抓拿，使人的手不至于被刺伤或磨破，因此球形的东西能够成为远古时代的人们最容易掌握，也最感到有趣的戏具。至于为什么当时的球具都是以石头做成的，其原因则十分简单，因为"刚刚与猿分手的中华先民两手空空，他们所能简便、大量、直接利用的自然物，只有坚硬的石块"。①

到了春秋战国时代，中国出现了"毛丸"和"鞠"之类的球具。"毛丸"用兽毛揉制成圆团，可打可踢，后为"鞠"所替代。"鞠"外表是用皮做的，中间放上毛发一类的柔软物质。《史记·卫将军骠骑列传》注云："今之鞠戏，以皮为之，中实以毛。"《扬子·法言》亦云："捖革为鞠。"我国先秦时期就已十分风行的蹴鞠之戏，就是利用这种鞠得以进行的。鞠有耐用、不走气、弹性好、灵敏度高等特点。尚秉和在《历代社会风俗事物考》一书中谈到鞠这

---

① 冯天瑜，何晓明，周积明：《中华文化史》（上册），上海人民出版社，1991年版，第227页。

种器具的性能时说："中实以毛，则轻而易起，外鞔以革，则坚实不坏，一球可用数年，且轻重适宜，不惟无走气之嫌，亦无太轻之弊，故抵力足而起落灵敏。"此话可谓是对鞠的性能、特点的一个概括。

到了唐代，一种新型的球类戏具又被创制出来，那就是充气球。过去曾有人论断，充气球起源于11世纪的英国。但实际上，我国早在唐代时就有了充气球。唐代归氏子弟嘲皮日休云："八片尖斜砌作球，火中燖了水中揉，一包闲气如常在，惹踢招拳卒未休。"作者是以当时的球具作比喻来嘲笑皮日休的，但是此诗却成了现在我们了解唐时球具形制和性能特点的重要材料。根据此诗中的描写，当时的球具是用8片皮革缝制而成的，中间灌以气体，这与先秦时的鞠已经有了很大的不同。鞠的内部是毛发，虽然弹性、重量都要优于石球，但是比充气球要相差很多。充气球的弹性、稳定性都要远远超过鞠，因此唐代时期以充气球代替鞠，确是游戏史上的一件了不起的事。据当时徐坚在《初学记》中的介绍，唐时的充气球还有球胆，用动物脬做成，气是依靠嘴吹进去的。唐代仲无颇《气球赋》中亦云："气之为球。合而成质。俾腾跃而攸利，在吹嘘而取实。"[1]但是口吹终究十分吃力，并且气体不足，不能使球体充盈浑圆，后来便逐渐改用"打楦法"充气。据明汪云程《蹴鞠图谱》介绍："打楦者，添气也。事虽易，而实难，不可太坚，坚则健色浮急，蹴之损力；不可太宽，宽则健色虚注，蹴之不起；须用九分着气，乃为适中。"

---

[1] ［清］董诰：《全唐文》，中华书局，1983年版，第7655页。

这可能是一种利用特制的小型鼓风箱来为球充气的方法。这本书中还列举了 24 种气球的形制，根据皮革的不同，给予不同的名称。可见至明代时，我国的充气球已经广为社会所用。

木质球具在中国古代游戏活动中也逐渐被创制出来。如唐代开始盛行的打马球游戏，所用的就是一种木球。其球形状如拳，用质轻坚韧的木材制成，中掏空，外涂颜色，并加以雕饰。除了马球以外，明代时期瑶族民间还有一种被称为"打毛菜"的游戏活动，所用的戏具也是木球。"毛菜"是瑶语，其意就是"木球"。其球由硬木削成，大小如拳。游戏时由双方各一队员用球棒争相挑出洞中的木球，然后双方队员手持弯柄球棒，争相击球，并打入对方球门，以击球入门次数多者为胜。

马球比赛的准备场景。［河北省张家口市宣化区辽代 1 号墓葬壁画（辽代）］
图中一个马夫左手持杆，右手牵马，一名侍童则双手执两长柄马球杖，紧随其后。

中国少数民族中还有很多球类游戏活动，所用的球具颇有民族特色。如布依族有一种叫作"丢花包"的传统游戏活动，用的是一种布球。球以五色彩布缝成一个圆球形，内填小豆、谷糠或棉籽，重半斤至1斤。玩时男女青年相对而立，互相用布球抛掷，如接不住对方的布球，则要送对方一件礼物。仡佬族有一种叫作"打篾鸡蛋"的传统游戏，用的是一种斑竹编成的竹球，球形似鸡蛋大小，外涂红、绿诸色，内填稻草、棉纸，重约半斤，有的放进两三颗石子，打时叮当作响。游戏时分为两队，中间画界为河，双方各用手推、拍、托、扣，或用脚踢，把球送过"河"。对方如接不住过河球，便要被赶出场地。苗族有一种称为"打手毽"的传统游戏，用的是一种毽球。用布条裹一铜板，扎成球状，上插雄鸡尾羽数根，即为毽球。玩时亦分为男女两方，女方先向男方抛出手毽，男方立即用手将手毽拍回，边打边对歌，以不能接住对方毽者为负。

二　智力戏具的代表：棋与牌

中国古代有许多智力型游戏活动，它们有利于锻炼人的思维能力，有利于人的智能的开发和提高，因此这类游戏活动自古以来一直深受人们的喜爱。古代的智力游戏所用的戏具形式十分多样，但其中有两种最为典型的，就是棋与牌。棋类游戏是一种运用一定的棋子在规定的棋盘线路上行棋而分出胜负的游戏方式，因此棋类游戏的主要戏具就是棋子和棋盘。各种形式的棋子和棋盘在其形状、数量、质地、颜色、种类等方面各有不同的特点，它们构成了形形色色、门类众多的棋类游戏活动。

围棋是中国历史上最为古老的一种游戏活动，其棋具的产生历史当然也非常悠久。据汉时邯郸淳《艺经》云，当时的围棋已经是"棋局纵横各十七道，合二百八十九道，黑白棋子各一百五十枚"。[①] 由此可见，当时的围棋采用纵横各 17 道的棋盘，棋子分黑白两种，各 150 枚。一直到了三国魏晋时期，围棋的形制仍无大的变化，三国时吴国的韦昭在《博弈论》中还提到"枯棋三百"，晋蔡洪《围棋赋》中也有"三百惟群"的说法，说明当时的围棋用子仍是 300 枚。大约到了南北朝时期，围棋开始采用 19 道的棋盘，棋子也增加到 361 枚。北周甄

明代围棋棋盘、棋子与棋盒［山东省邹城市明鲁王墓出土（明代）］
棋盘为正方形，棋格清晰可见，棋子玻璃料制，圆形，黑白二色（黑 175 枚，白 181 枚）。棋盒黑色雕漆，分置黑白棋子。

---

① ［南朝宋］刘义庆撰，［梁］刘孝标注，杨勇校笺：《世说新语校笺》，中华书局，2006 年版，第 645 页。

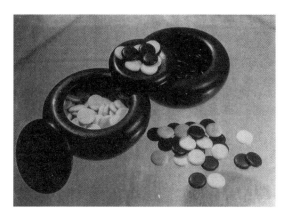

明代石质围棋棋子
［中国体育博物馆
藏（明代）］

西晋时石质围棋棋
子［山东省邹城市
晋墓出土（西晋）］
棋 子 共 有 272 枚，
分黑白二色。

鸾《孙子算经》云："今有棋局方一十九道，问
用棋几何？答曰三百六十一。术曰：置一十九道
自相乘之。"① 棋盘的扩大、棋子的增多，说明
棋局的变化更加复杂，这是棋艺水平越来越高
的重要标志。这种围棋形制一直延续到今日。

---

① ［南朝宋］刘义庆撰，［梁］刘孝标注，杨勇校笺：《世说新语校笺》，中华书局，2006 年版，
第 645 页。

中国象棋的棋具也经历了一个漫长的发展、演变过程。象棋的前身是北周武帝发明创制的象戏。据庾信《象戏赋》所说，这种象戏的棋局和棋子形制是："局取诸乾，仍图上玄。月轮新满，日晕重圆。模羽林之华盖，写明堂之璧泉。坤以为舆，刚柔卷舒。若方镜而无影，似空城而未居。促成文之画，亡灵龟之图。马丽千金之马，符明六甲之符。"① 此赋都是比喻的说法，意颇难明。但按某些研究者的考察，这一段文字正是写出了象戏的局制和棋子特点。"乾""玄"言其局上圆以象天，"坤"则言其局下方以法地。"方镜""空城"言其形，"成文"当是局上的纹路。"马"当是计算胜负的筹码，"符"当是行走的棋子，"六甲"或是提为六棋。② 到了唐代宝应年间，出现了与现代象棋较为接近的"宝应象棋"。据唐牛僧孺《玄怪录》记载，这种象棋的形制是"前有金床棋局，列马满枰，皆以金铜成形，其干戈之事备矣"。③ 这些棋子都用金属制成，而且立体象形，种类有王（将）、上将（象）、军师（士）、辎车（车）、马、六甲（卒）等。可见这种象棋的形制和所用的棋具已与现代象棋非常接近。到了宋代时期，象棋的棋盘和棋子更是已与现代象棋相差无几。宋代李清照《打马图经》中所载的象棋棋盘，与今相比已无二致。近年来从宋墓中发掘出的铜质棋子，一面楷书凸字，一面浮雕图像，其兵种名称和数量也与今日相同，只是"士"为女形而已。现代的象棋格局基本上沿袭了古代的形制，棋子共分红、黑二方，每方 16 枚，

---

① ［北周］庾信撰，［清］倪璠注，许逸民校点：《庾子山集注》，中华书局，1980 年版，第 69 页。
② 杨荫深：《中国游艺研究》，上海：上海文艺出版社，1990 年版，第 60-66 页。
③ ［唐］牛僧孺：《玄怪录》，中华书局，2008 年版，第 127 页。

分别为将（帅）一子，车、马、炮、相、士各 2 子，兵（卒）5 子。棋盘由 9 道直线和 10 道横线交叉组成，共有 90 个交叉点。棋盘中间设有直线通过的空白处，称为"河界"。

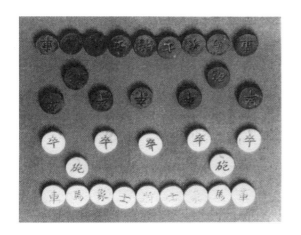

北宋墓葬中出土的象棋子［河南省洛阳市出土（北宋）］
棋子为瓷质，共 32 枚，分黑白二色，正面字上涂有金箔。从这副象棋的棋盘与棋子形制上看，已与现代象棋基本一致。

北宋墓葬中出土的象棋子［江西省安义县长埠公社出土（北宋）］
棋子为铜质，共 32 枚，分黑白二色。棋子正面为阳书楷体汉字，背面为相应的图案。

宋代铜质象棋棋子［中国体育博物馆馆藏（宋代）］
宋代是中国象棋史上一个十分重要的阶段，象棋的形制在此时有了较多的变革。图为宋代铜质象棋棋子，棋子两面均有与棋子名称相应的图案。

清代陶质象棋模型［广东省大埔县湖寨圩吴六奇墓出土（清代）］
清初墓葬出土的陶质象棋模型近景。

清代象牙象棋棋子与棋盒［中国体育博物馆藏（清代）］
棋子一面为篆刻文字，一面为与象棋名称相符的纹饰。共计32颗，红黑二色。

汉代十分流行的弹棋，是一种在形制上与蹴鞠十分相似的棋戏活动，其棋局和棋子也与蹴鞠颇为相似。据《后汉书·梁冀传》注引《艺经》曰："弹棋，两人对局，白黑棋各六枚，先列棋相当，更先弹也。其局以石为之。"蔡邕《弹棋赋》云："丰腹敛边，中隐四企。"以此说法，弹棋所用的棋子共有 12 枚，分黑白两色，每方 6 枚。棋局是用石头做的，中间高，四周低，这样的形制较为有利于棋子的弹玩。弹棋的棋子到了魏晋时又增至 16 枚，至唐代时再增至 24 枚。前文已经提及，此处不赘述。

我国古代十分盛行的六博、樗蒲、双陆等游戏形式，都是一些带有一定赌博性质的棋类活动，它们的胜负结果比围棋、象棋等棋类游戏具有更多的偶然性因素，因此更适合于赌博。但是它们最为基本的游戏方式主要还是行棋，最为基本的棋具也像围棋、象棋一样，主要是棋局和棋子，只是另外增加了骰子而已，因此它们在性质上实际仍然属于智力型的棋类游戏活动。

六博由于产生时代相当久远，现在早已失传，因此它的形制和所用的棋具今人都已不甚明了，只有在少数古籍文献中还保留着一些这方面的史料。根据这些史料记载，六博本有大博和小博之分，大博的产生时代早于小博，大概在商周时期就已开始流行于世。六博的棋盘称为"枰"或"曲道"，多用木制，近似方形。棋盘正面涂白漆或黑漆作底色，上面阴刻"丅""乚""コ"三种矩规纹及圆点，并以红漆描绘。棋子多为木质或骨质，6 黑 6 红或 6 黑 6 白，共 12 枚，呈方形。6 枚棋子中，有 1 枚较大，称为"枭"，其余 5 枚较小，称为"散"。"枭"是贵或骁的意思，据说是舜的祖先的图腾；

"散"是散卒的意思。按春秋战国的兵制，以5人为伍，设伍长1人，共为6人，因此大博的棋具实际上是模仿当时社会中的军队编制而制定的。小博的形制与大博有所不同。它的棋局由12条横道组成，中间还有一条较宽的"水"，有点类似现在象棋中的"楚河汉界"。棋子分为两种：一种是双方各自拥有的6枚长方形棋子，它不像大博那样是一大五小，而是全部大小相同。一方为白色，一方为黑色。双方另外各有"鱼"一枚，呈圆形。

《列子·说符》篇释文引《古博经》云："博法，二人相对坐向局，局分为十二道，两头当中各为水。用棋十二枚，古法六白六黑。又用鱼二枚置于水中……两人互掷彩行棋，棋行到处，即竖之，名为骁棋。即入水食鱼，亦名牵鱼。每牵一鱼，获二筹；翻一鱼获三筹……彼家获六筹为大胜也。"[1] 1972年，在河南灵宝张家湾东汉墓中出土了一

六博骰子［河北省易县燕下都出土（战国）］

骰子质地为泥质灰陶，共有14个面，其中八个面为六边形，分别刻有"一""二""三""四""五""六""七"等图案，另外六个面为正方形，分别刻有"五""八""九""十"等图案。这是我国不可多得的原始六博骰子实物。

---

① ［清］王念孙：《广雅疏证》，中华书局，2019年版，第610页。

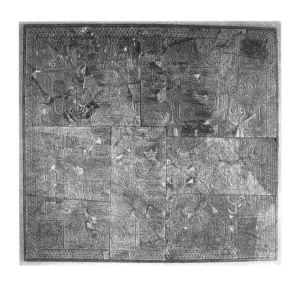

战国时期的石质六
博棋局〔河北省平
山县中山王墓出土
（战国）〕
棋局用多块黄褐色
石片拼合而成，盘
面浮雕成"L""—"
"丅""卜"等符
号组成的六博格局
及兽形纹饰，风格
古朴富丽。

西汉时期的黑漆朱
绘六博棋盒。〔湖
南省长沙市马王堆3
号墓出土（西汉）〕
盒内装有六博博局、
棋子、筹码、骰子
等整套六博戏具。
平板式博局可嵌于
正方形棋盒内，局
面为黑漆，以象牙
条镶嵌成局式，盒
内装有六白六黑棋
子12枚，直食棋20
枚，长筹码12枚，
短筹码30枚及骰子
等物。

套绿釉六博棋俑，其形象为在一张坐榻上置一长方形棋局，棋局上每边有 6 枚方形棋子，中间有两枚圆形的鱼，坐榻两边踞坐着两俑对博。这套六博棋俑文物所刻画的形象，与《古博经》中所记录的六博形制基本一致。可见，这种形制确是当时六博之戏中普遍流行的形式。[①]

秦代六博局图案〔甘肃省天水市秦墓出土（秦代）〕
图案绘于一长方形木板上，上有"Ⅼ""—""╋""ﾄ"等符号。

汉代六博局纹铜镜〔湖南省博物馆藏（东汉）〕
汉代时期，六博仍然十分流行，图为绘有六博博局纹的东汉鎏金铜镜。

---

① 罗新本，许蓉生：《中国古代赌博习俗》，陕西人民出版社，1994 年版。

战国时期的六博棋子
［山东省曲阜市鲁国
墓出土（战国）］

西汉时期的六博棋
子［北京市大葆台1
号墓出土（西汉）］
棋子大小一致，边
缘有一阴刻的边框，
框内有阴刻的龙纹
与虎纹。说明此时
的六博形制已趋于
精致化与艺术化。

汉代六博陶俑［河南
省灵宝市张湾3号
墓出土（东汉）］
图中方盘一边有六
条长条形箸，另一
边置六博局，博局
两边各有六枚方形
棋子，中间还有两
枚圆的"鱼"。

西汉六博陶俑。
图中两人指手画脚，
似在进行激烈争论，
前面一副博局上放
有骰子数枚。

汉代时期开始广为流行的樗蒲，其形制和棋具至今也都已失传，从东汉马融的《樗蒲赋》、唐李肇的《国史补》、宋程大昌的《演繁露》等书中的片段记载来看，其戏具有子、马、五木（骰子）等，其棋盘上有"关""坑""堑"等标记。对局双方各有马六枚，棋子多枚。通过掷彩行马和打对方的马，并通过关、坑、堑以决出胜负。

盛行于南北朝和唐代的双陆棋，素有"智者之戏"的美名，说明玩这种棋戏时是要动一番脑筋的。双陆后来演变出许多不同的类型，如北双陆、广州双陆、真腊双陆、日本双陆、大食双陆、佛双陆、平双陆、打间双陆等。它们在具体的玩法上各有不同，但是其基本形制却大同小异。双陆一般都是由枰（棋局）、马（棋子）和骰子三种戏具组成。棋枰一般呈长方形，两条长边的中点各刻有一个半月形的"门"，门的两边各刻有六个圆点，标志着12条"路"。"双陆"这一名称便是由此而来（"双陆"音谐"双六"）。双陆的马一般为木质，共30枚，分为黑白两方，其形状长约3寸，呈棒槌形，

周昉《内人双陆图》（摹本）［台北故宫博物院藏（唐代）］唐代时期，双陆十分盛行，此图描绘了两位唐代仕女下双陆的生动情景。从两人装束打扮来看，都是宽带、长裙、高髻，显然具有唐代特色。面前一副双陆局清晰可见，棋局呈长方形，双层构架，两条长边的中点各有一半月形的"门"，棋子（即"马"）分为黑白二色，呈捣衣槌形，各15枚，后面还有两位侍女在观战。

辽金时代的涂漆木质双陆局［辽宁省法库县叶茂台墓出土（辽代）］
双陆的形制十分复杂有趣。其棋局为长方形，两长边的中央各有一个月牙形的门，左右各有6个圆点。双陆棋子称为"马"，黑白两方各15枚，一般为木质，如捣衣槌状。该涂漆木质双陆局以骨片嵌制，棋子高4.6厘米。

故又称为"槌"。玩双陆棋时先要将棋子全部放在棋盘规定的位置上，称为"布阵"，这就像现在的象棋一样。然后再掷骰行马。一方之马全部走入后六梁，便算获得一盘的胜利。

中国古代智力型游戏中的另一个大类是牌类游戏。与依靠固定的线路来行棋的棋类游戏不同，牌类游戏主要是依靠牌的各种组合和搭配方式来比较大小，以此决出胜负，因此比棋更具灵活性。牌类游戏主要运用的戏具就是牌。中国古代游戏中所用的牌具形式十分众多，它们在质地、形状、颜色，数量等方面都不相同。为了方便说明，这里主要从牌的质地方面入手，将中国古代的牌分为骨牌和纸牌两大类。

骨牌，顾名思义就是用骨制成的牌具，一般是以竹为背，以兽骨为面，二者以榫互相铆合，呈长方形；也有采用高贵的象牙为面的，俗称"牙牌"。骨牌最早约起源于北宋徽宗宣和年间，故又称"宣和牌"。

唐代镶嵌螺钿双陆局［新疆维吾尔自治区吐鲁番市阿斯塔那墓出土（唐代）］
棋局面上以螺钿镶嵌成云朵、花枝、飞鸟等图案，具有较强的艺术性，当是唐时富家之物。

唐代紫檀木双陆局［日本奈良正仓院藏（唐代）］
日本出土的唐代紫檀木双陆局，形制与新疆唐墓出土的双陆局基本一致。

清陈元龙《格致镜原》引《诸事音考》云："宋宣和二年，有臣上疏：设牙牌三十二扇，共记二百二十七点，以按星辰布列之位。譬'天牌'二扇二十四点，象天之二十四气，'地牌'二扇四点，象地之东西南北，'人牌'二扇十六点，象人之仁义礼智，发而为恻隐羞恶、辞让是非，'和牌'二扇八点，象太和元气，流行于八节之间。其他牌，皆合伦理、庶物、器用……至宋高宗时始诏如式颁行天下。"[①] 这种说法将骨牌的形制与天文、地理、人伦、道德、节物、器用等等一一印证，仿佛骨牌中蕴含着天地人事方面的无限奥妙。这显然都是牵强附会之辞，但是从这段文字中，我们也多少可以了解到一些骨牌初创时的形制特点。

骨牌到了明清时期在社会上广为流行，其形制则无大的变化。当时的骨牌仍由32张组成，每张骨牌面上刻有不同点数，并具有上、下两个部分。如"天牌"上下各为6点，"地牌"上下各为1点，"人牌"上下各为4点，"和牌"上为1点，下为3点，"长二"上下各为2点，"长三"上下各为3点，"长五"上下各为5点，"天九"上为3点，下为6点，"地八"上为3点、下为5点，"人七"上为3点、下为4点，"和五"上为1点、下为四点，"至尊"上为1点、下为2点，等等。骨牌上的点数与骰子上的点数十分相似，两个骰子面上的点数拼在一起，就是一个骨牌面上的点数，这说明骨牌这种牌类游戏活动，原是由骰子戏演变而来的。依靠着骨牌上的不同点数，游戏者便可搭配出各种大小的牌式，如"至尊宝""天九一""人钉一""鳖十"等。骨牌游戏的胜负，便是由这些大小不同的牌式所决定的，

① ［清］伊秉绶：《谈微》，中华书局，第2020年版，第167–168页。

牌大的当然便是赢家，牌小的则为输家。

中国的骨牌后来又演化出麻将这种十分普及的牌戏形式。据有关学者研究，麻将是在碰和牌、默和牌和马吊牌等几种牌戏的基础上发展起来的，其中碰和牌便是骨牌游戏中的一种。当然麻将的形制与一般的骨牌相去甚远。一般的骨牌面上刻的都是点数，但是麻将牌上刻的却是"筒""索""万"与"东""南""西""北""中""发""白"等各种花色，这说明麻将牌受马吊牌的影响很大。但是从牌具的质地上看，麻将牌大都是以动物的骨或牙所制，因此它实际上仍是一种属于骨牌型的牌戏。

中国古代另一类牌具是用纸做的纸牌，古代称其为"叶子"。叶子本是一种记事用的签条，主要是文人在读书时夹书用的。欧阳修《归田录》卷二中云："唐人藏书，皆作卷轴，其后有叶子，其制似今策子。凡文字有备检用者，卷轴难数卷舒，故以叶子写之。"[1]到了唐宋时期，叶子开始转化为成为一种游戏的戏具。宋李清照《打马图序》中将长行、叶子、博塞、弹棋并称，可见此时叶子已是一种与长行、博塞、弹棋相类似的游戏活动。到了明清时期，叶子戏广泛盛行于社会各个阶层。当时的叶子形制主要有两种。一种是将骨牌上的点数印到叶子上，中间印有一些戏曲或《水浒》中人物的形象，这就是所谓的骨牌叶子。这种骨牌叶子实际上完全是骨牌的翻版，只是材料上改用了纸牌而已。骨牌叶子的名称也与骨牌相对应，如叶子中的重六也叫天牌，重么也叫地牌，重四也叫人牌，只是牌的数量增加到 84 张，比骨牌多了一倍。由于纸牌价格

---

[1] ［宋］欧阳修：《欧阳修全集》，中华书局，2001 年版，第 1937 页。

低廉，印刷方便，因此骨牌叶子在明清时期很快取代了骨牌的地位，成为当时广大群众，特别是下层劳动人民中广泛流行的一种牌戏活动。

还有一种是马吊叶子，也就是所谓的马吊牌，这是一种在中国的游戏史上影响十分巨大的纸牌游戏方式。马吊叶子一般1寸阔，3寸长，用裱好的几层厚硬纸印成。其数量为40张，花色共分十字、万字、索子、文钱4门。其中十字共11张，每张上画有一个水浒人物，如"尊万万贯"为宋江，"千万"为武松，"百万"为阮小五，"九十"为阮小七，"八十"为朱仝，"七十"为孙立，"六十"为呼延灼，"五十"为鲁智深，"四十"为李逵，"三十"为杨志，"二十"为扈三娘。万字共9张，每张上也画有一个水浒人物，如"尊九万贯"为雷横，"八万"为索超，"七万"为秦明，"六万"为史进，"五万"为李俊，"四万"为柴进，"三万"为关胜，"二万"为花荣，"一万"为燕青。索子共有9张，上面画的是串钱的线索，如"尊九索"为"自下蠹四贯，叠二贯而锐其一"，"八索"为"叠二而四之"，"七索"为"叠二者三而斜其一"，"六索"为"如六水双翘"，"五索"为"如艮卦形"，"四索"为"如双珠环"，"三索"为"如品字形"，"二索"为"如折足"，"一索"为"如股钗"。文钱共有十一张，上画各种象形之图，如"尊空没文"为"波斯进宝形"，"半文钱"为"花实各半"，"一钱"为"如太极"，"二钱"为"如腰鼓"，"三钱"为"如乾卦形"，"四钱"为"如连环"，"五钱"为"如五岳真形"，"六钱"为"如坤卦形"，"七钱"为"如北斗形"，"八钱"为"如瑰玉"，"九钱"为"如三叠峰"。以上40张叶子牌，

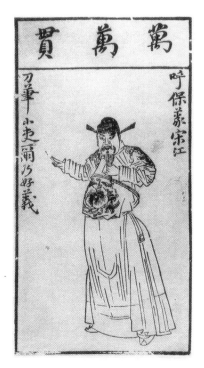 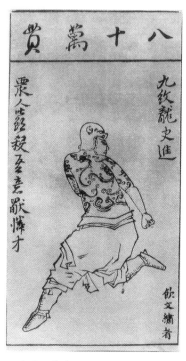

图为马吊牌中绘有呼保义宋江形象的"万万贯"十字牌，此为十字牌中的最大牌张。

图为马吊牌中绘有九纹龙史进形象的"八十万贯"十字牌，此为十字牌中的第五牌张。

其大小各依所列顺序，前三门皆以数大为大，数小为小，唯独"文钱"一门相反，以数小为大，数大为小。马吊叶子之所以要画上水浒人物和钱数形象，其意是欲教育游戏的人们。清黎遂球《运掌经》云："署之以宋江之徒者，必勇敢忠义，然后可胜。而又非徒读书者所能知，故署之以不知书之人。"①"必以钱索十万为其类之名者，人之所重唯利，可以胜人唯利，慧者得利以兴，愚者因利以亡"。可见发明

---

① 马蹄疾：《水浒资料汇编》，中华书局，1980年版，第380页。

a

b

c

宁波天一阁庭院中陈列的马吊牌子模型。图 a 为马吊牌中的"万字"，牌上有各式水浒人物。图 b 为马吊牌中的"索子"，牌上有各式串钱的钱索。图 c 为马吊牌中的"文钱"，牌上有各式铜钱和吉祥纹饰。

马吊叶子的人，其用意是很深刻的。

骨牌与纸牌虽然形制各异，并且本身还具有许多五花八门的门类，但是它们都有一个共同的特点，那就是所运用的戏具都是牌，因此它们都可归属于牌类游戏之中。这些牌戏虽然经常会带上一定的赌博色彩，但是它们最为基本的玩法，还是通过一些牌的组合和搭配来比大小，定胜负，因此它们实际上都是属于智力型的游戏活动。

三 文人的戏具：语言文字

语言文字是人类社会进入到文明时代的产物，它的主要功能是作为一种表达思想的符号，在人们的社会生活中起到交际的作用。但是语言文字在中国古代文人那里，又经常会成为一种游戏的工具。在封建时代，语言文字主要掌握在一些具有一定社会地位的文人学士手中，只有他们才有条件和机会经常与语言文字打交道。在与语言文字频繁的接触过中，文人们逐渐发现很多语言文字都是可以利用来作为游戏的，只要利用语言文字在音、形、义各方面的特点的巧妙组合，就可以创作出各种各样的语言文字游戏。于是，许多语言文字在古代文人的手里，便经常成了游戏的工具。

中国历史上最为常见的语言文字游戏是字谜。中国的文字是由一定的笔画和部首构成而成的，因此，利用文字笔画和部首方面的不同组合方式，就可以创制出各种各样的文字游戏来。据周亮工《字蚀》卷五中记载，北宋宰相王安石曾经出过一个字谜，谜面是："目字加两点，不作貝（贝）字猜。貝字欠两点，不作目字猜。"这个字谜，人们很容易将它猜作是"貝"和"目"字，但谜语中又指出不能猜这两个字，使人颇费一番心思，其谜底原来是"賀""資"两字。这种谜语，主要就是利用变换文字笔画和部首上的组合方式，来创造一种特殊的游戏效果。

宋代诗人苏东坡也有相类似的故事。据说有一次人家请苏东坡为一名园题字，苏东坡写了"蛋二"两字，众人都不解其意。后来经过推敲，才悟出原来是"风月无边"之意，只不过把"风月"两字的外框都去掉了，故称"无边"。这种文字游戏构思是非常巧妙的。

在利用文字的某些特点来做游戏的方面，中国历史上还曾有一段十分有趣的"煮熟肉"的故事。唐代的狄仁杰很爱开玩笑，郎官卢献也是一个有学识、好诙谐的人，两人常在一起相互嘲笑。有一次狄仁杰用卢献的姓作耍，说了一句诗道："足下配马乃作驴。"卢献针锋相对地说："中劈明公，乃成二犬。"狄仁杰不服，辩解说："狄字是犬旁加个火字。"卢献则说："你本是一犬，劈开就变成了两犬，犬旁有火，乃熟肉啊。"说完，两人相对大笑起来。在这个故事中，狄仁杰和卢献两人都是巧妙地利用了文字的组合关系来互相取笑。"卢"字加一个"马"旁是一"驴"字，"狄"字一分为二是"犬"和"火"字，因此便成了煮熟肉。可见，中国的文字经过巧妙的组合或搭配以后，便可变得十分生动有趣。

利用文字书写上的特点，也可以创制出许多游戏形式。如我国传统的"一笔书"游戏，就是利用文字书写上的技巧创制而成的。

《唐书》云："（吕向）工草隶，能一笔环写百字，若萦发然，世号'连锦书'。"①《墨薮》云："张芝作一笔书。"这说明中国古代有很多人都善为一笔书之技。这种字体的写法，就是将几十个甚至上百个字的笔画连起来写，使这些字互相连缀、串接在一起，中间没有间断。这种书写方式在表义上并无什么作用，但是在技巧上却显得十分新奇有趣，因此它常被古人用来作为一种书法游戏的方式。

中国古代的诗歌十分发达，文人们大多对于写诗作赋颇感兴趣，并在诗歌创作方面具有较为娴熟的技巧，因此古代文人中也经常以诗为工具来开展各种各样的游戏，如隐字诗、嵌字诗、回文诗等，都是较为典型的古代诗文游戏方式。

隐字诗就是在一首诗中，利用某种语言技巧将某些字藏起来，让人通过对这首诗的解读和猜测来找出这些字。如三国时代著名的文学家，建安七子之一孔融（字文举），曾利用隐字诗来介绍自己的籍贯、姓名和字号。其诗云："渔父屈节，水潜匿方，与时进止，出行施张（'鲁'）。吕公矶钓，阖口渭傍，九域有圣，无土不王（'国'）。好是正直，女回于匡，海外有截，隼逝鹰扬（'孔'）。六翮将奋，羽仪未彰，蛇龙之蛰，俾也可忘（'融'）。玫璇隐曜，美玉韬光（'文'），无名无誉，放言深藏，按辔安行，谁谓路长（'举'）。"②这首隐字诗表面上是吟咏历代圣贤的远大理想和雄心壮志的，实际上却蕴含着"鲁国孔融文举"6个字，向读者介绍了自己的情况。诗中主要采用的手法，是将某些字的字

---

① ［宋］欧阳修，宋祁：《新唐书》，中华书局，1975年版，第5758页。
② ［明］蒋一葵：《尧山堂外纪》，中华书局，2019年版，第147页。

形拆开，再嵌入诗句之中，然后通过几句诗的拼合，凑成所要表达的文字。

嵌字诗就是在某些诗句中嵌入作者所要表现的某些文字。如宋代黄庭坚的药名诗云："四海无远志，一溪甘遂心，牵牛避洗耳，卧著桂枝阴。"诗中的"远志""甘遂""牵牛""桂枝"等词语，既有表达诗中文意的作用，又都是一些药名。又如南北朝陈沈炯曾经创有以"匏、土、革、木、石、金、丝、竹"分别冠于各句之首的"八音诗"。嵌字诗的目的，也是将所要表达的文字弄得隐晦含蓄一些，使人必须认真阅读诗句，经过反复揣摩后才能将这些字找出来，这样就会产生比较生动、有趣的游戏效果。

回文诗古称"璇玑图"，在中国古代文人中也很流行。它主要是巧妙地利用一定的语言技巧，使诗文的意思按不同顺序来读都能读通。回文诗早在汉代就出现了，据说，苏伯玉的夫人怀念远方的丈夫，在盘子中婉转回环地写了著名的"盘中诗"，这就是回文诗的滥觞。后来前秦女诗人苏蕙由于惦记流徙在外的丈夫秦州刺史窦滔，在锦缎上织下了《璇玑图》，此诗排成纵横皆为二十九字的正方形，共计八百四十字，目前统计可组成七千九百八十五首诗，唐武则天《璇玑图序》云："五彩相宣，莹心耀目。纵横八寸，题诗二百余首，计八百余言，纵横反复，皆成文章。其文点画无阙。才情之妙，起古迈今。"[1]

据民间传说，苏东坡兄妹及秦少游等人，也非常喜欢玩回文诗游戏。他们经常以回文诗彼此唱和，互通款曲。有一次秦少游离家

---

[1] ［清］董诰：《全唐文》，中华书局，1983 年版，第 1006 页。

为官，想起妻子苏小妹，便命人送上一诗云："静思伊久阻归期，久阻归期忆别离，忆别离时闻漏转，时闻漏转静思伊。"

诗到之时，恰好苏小妹与苏东坡在游西湖，他们见到秦少游的诗后，即兴仿其体各赋诗一首，苏小妹诗云："采莲人在绿杨津，在绿杨津一阕新，一阕新歌声漱玉，歌声漱玉采莲人。"苏东坡诗云："赏花归去马如飞，去马如飞酒力微，酒力微醒时已暮，醒时已暮赏花归。"这些诗中都是充分利用了语言文字上的技巧，使诗按不同顺序读起来都很通顺，制造出一种机巧、有趣的游戏效果。这种诗歌创作，没有十分扎实的语言文字功底是难以实现的。

由此可见，语言文字在古代社会中，经常被一些文人们用来创制各种各样的语言游戏。在这些游戏中，人们主要是通过某些语言文字在笔画、部首、字形、字义、字音、词汇、结构次序等方面的巧妙组合、变换和调整，从而产生出一种新奇有趣的语言效果。这样，本来具有明显的功利性质的语言文字，便转化成了一种带有浓厚的娱乐性色彩的游戏工具。

四　斗戏中的特殊戏具：动物

中国古代游戏史上还有一类十分特殊的游戏戏具，即动物。许多动物生性好斗，斗时的场面又很紧张激烈，因此我国古代常有运用动物来进行竞斗的游戏活动，如斗鸡、斗鸭、斗鹅、斗蟋蟀、斗鹌鹑、斗牛等。在这些斗戏中，动物始终是主角，它们互相之间斗得头破血流，骨断筋裂，人则在一旁观赏品味，从中获得一种特殊的乐趣。因此，动物斗戏实际上是一种以动物为戏具的观赏性游戏活动。

与一般戏具不同的是，动物是一种有生命的游戏工具，动物的身体条件和健康状况，常常会直接影响到游戏的输赢，因此，凡是参加斗戏的动物，一般都要经过一定时间的培育和训练。早在商周时期，人们就十分重视选择斗鸡的品种，并想出各种方法来培养和提高斗鸡的战斗能力。据有关史料记载，周时的南越就曾向周天子进贡过品种优良的斗鸡。在《庄子》《尔雅》等书中，也都曾记载过一种叫作"羊沟巨鸡"的斗鸡良种，这种鸡种在当时主要就是用来竞斗的。南北朝时期，最负盛名的斗鸡品种是齐鲁地区的"寿光鸡"，《齐民要术》中又称其为"慈伧鸡"。这种鸡身躯大，个头高，双爪锋利。当时鲁地人好斗鸡，寿光鸡良种价值连城，为防止外传，拥有这种鸡的家庭嫁女儿时都要把鸡蛋煮熟以后才能带走，以防女儿把鸡种带到夫家。清代时的"九斤黄"也是著名的斗鸡良种，它体大、力足、凶猛、耐斗。清人李声振有《斗鸡》诗赞美它说："红冠空解斗千场，金距谁堪斗五坊？怪道木鸡都不识，近人只爱九斤黄。"

除了对斗鸡的品种要经过认真的培育和挑选之外，斗鸡的竞斗能力也要经过认真的训练。《列子·黄帝篇》中，曾经记载了一段纪渻子为周宣王驯养斗鸡的材料："纪渻子为周宣王养斗鸡，十日而问：'鸡可斗已乎？'曰：'未也。方虚骄而恃气。'十日又问，曰：'未也，尤应影响。'十日又问，曰：'未也，犹疾视而盛气。'

十日又问，曰：'几矣，虽鸡有鸣者，已无变矣。'望之似木鸡矣，其德全矣，异鸡无敢应者，反走耳。"[1] 可见当时对于驯养斗鸡的经验已经十分丰富。一只训练有素的斗鸡，要经过 40 天的调教，使它没有虚骄之气，不受外界的影响，不盛气凌人，就像一只木鸡一样。这时才能真正具有顽强的竞斗能力。

为了提高斗鸡的战斗力，人们还经常要在斗鸡身上用上各种各样的器械。第一章中已经介绍，春秋时期的鲁国有季、郈两家大夫进行斗鸡，斗鸡时一方在鸡头上装上铠甲，保护鸡头不被敌方啄，增强防御。为使攻击更加犀利，还为斗鸡安装了"金距"。当时有些人还采用为斗鸡抹狸膏油的方法来御敌。狸膏油味烈，将它涂在鸡头上后，对手闻到其味往往就会畏而避之，这样便可战胜对手。为斗鸡装铠甲，套金距，抹狸膏油之类的方法，一直沿用了很久，"狸膏金距"一语后来也成了一个斗鸡的代名词。

斗蟋蟀游戏中所用的蟋蟀，其品种以及养育方面也大有讲究。根据古人的经验，选择蟋蟀第一要无"四病"。陆丹宸《小知录》云："（蟋蟀）有红铃、月额诸名，吴人养之，以仰头、卷须、练牙、踢腿为四病。"第二，要求观蟋蟀的颜色。贾秋壑《促织经》："虫之色，白不如黑，黑不如赤，赤不如黄。"也就是说，黄色蟋蟀为斗蟋中之上品，赤色蟋蟀次之，黑色蟋蟀再次之。第三，要求蟋蟀矫健善跳。陆佃《埤雅》："蟋蟀善跳，其鸣在股。吴人取其雄而矫健者，驯养以斗。"[2] 对斗蟋的体重、大小方面也有一定要求："大

---

① 南怀瑾：《列子臆说·下》，东方出版社，2022 年版，第 888—890 页。
② ［清］顾禄：《清嘉录》，中华书局，2008 年版，第 166—167 页。

乡村儿童斗蟋蟀情
景。

小相若，铢两适均"，不能过轻或过重，蟋蟀的品种也非常重要，
在明清时期，较好的品种有红麻头、白麻头、青项、金翅、金丝额、
银丝额等。上等的蟋蟀一般还都有名号，如油挞利、蟹壳青、金琵
琶、红沙、青沙、梅花翅、三段锦、香狮子等。百战百胜者则谓之
大将军。

　　古代很多斗蟋不是用钱购买，而是自己养育的，因此蟋蟀的养
育工作也很受古人的重视。《燕京岁时记》引《日下旧闻考》云："永
定门外五里胡家村产促织，善斗，胜他产。促织者，感秋而生，其音商，
其性胜。今都人能种之，留其鸣深冬。其法实土于盆养之，虫生子土中，
入冬，以其土置暖炕，日水洒，绵复之。伏五六日上蠕蠕动，又伏
七八日如蛆然。置子蔬叶，仍洒覆之，足翅成，渐以黑，匝月则鸣，
细于秋，入春反僵也。"介绍蟋蟀的养育过程颇为详细。

　　古人对于斗蟋蟀用的草、盆等物也非常重视。引斗蟋蟀的斗草
大都要用日茎草，须蒸熟后特制而成，也有用马尾鬃来引斗的。养

育蟋蟀的盆则以宣德盆等最为贵重。

斗鹌鹑游戏过去在中国北方地区广为盛行，当地对于驯养和选择鹌鹑的方面也积累了很多经验。据《清稗类钞》介绍："鹑类聚夥羣，畏寒贪食，易为人所驯养。惟既以搏斗争胜负，自必选材。选材之所宜注意者，在毛、骨、头、嘴、叹、面、眉、眼、鼻、颔、胸，而于养之饲之洗之把之调之笼之之法，亦须讲求……鹑胆最小，斗时所最忌者，旁有物影动摇，则必疑为鹰隼，惊惧而匿，不独临场即输，且日后亦费多方调养，始能振其雄气。"[1]

一些大型动物的斗戏活动，如斗牛、斗马、斗羊等，由于竞斗时搏杀激烈凶猛，体力消耗大，因此对于这些动物的选种、饲养和护理更须十分仔细。浙江金华地区的斗牛在品种方面有很高的要求，一般多选性情凶猛、体格健壮、腿粗而毛光、角短而硬的黄牡牛。平日这些牛有专人护理饲养，甚至"卧以真丝帐，食以白米饭，酿最好之酒以饮之"。上等的斗牛不参加犁耕，其食料优于一般耕牛数倍。到了斗牛前一日，则饮以陈老酒、白糖和鸡蛋、人参等补品。

汉代武士与牛相斗情景［河南省南阳市出土（汉代）］
牛很早就是斗赛场中的主角之一。专门用来参加斗赛的牛平时要精心饲养，在牛的品种选择上也有一定的要求。

---

[1] 徐珂：《清稗类钞》，中华书局，2010 年版，第 4915-4916 页。

清代末年，甚至还有以鸦片烟敬牛的。许多斗牛还有自己的名字，如"英雄虎""乌龙""老黄忠""双牙挂"等。

由此可见，动物作为中国古代一种较为特殊的游戏工具，经常会受到人们的重视和照顾，这不仅是因为这些动物经常会在游戏中做出精彩的表演，甚至牺牲自己的生命来换取人们的快乐，同时也因为这些动物经常会为人们带来梦寐以求的财富。在封建社会，很多动物都是被人用来赌博的，人们在它们身上押上了很大的赌注，只要能够赢得胜利，对它押注之人就会大发其财，因此人们才会对这些参加斗戏的动物经常表现出超乎寻常的热情和关注。

五 其他戏具

除了以上几种较为典型的戏具以外，中国古代还有许多其他类型的戏具形式，它们的范围，不但涉及各种专门的游戏用具，还包括大量的自然性物品和社会生活性用品，诸如石块、泥巴、竹竿、花草、钱币、手巾、床钩、瓦片等，都可被用作游戏的戏具。这些戏具虽然不像专门的游戏用具那样具有典型性，但也是一些古代游戏活动中经常使用的器具。例如，在原始时代的击壤游戏中，所用的戏具是一些泥块和木块，这些东西一直到了近现代仍然保留着原貌；我国古代的斗草游戏中，所用的戏具是一些可以随便采撷的花草，它们虽然并非名贵之物，但是在斗草游戏中具有重要的作用。在古代的藏钩游戏中，人们普遍采用的是床钩一类的东西，它们本来都是生活用品，但被用到游戏活动中后，却经常会产生很好的游戏效果。

一些生活中的食品，如茶叶、糖果、糕点等，有时也可被用来作为游戏的戏具。例如，我国古代有斗茶之戏，所用的材料就是茶叶。斗茶又称"茗战"，宋范仲淹《和章岷从事斗茶歌》云："其间品第胡能欺，十目视而十手指。胜若登仙不可攀，输同降将无穷耻……君莫羡花间，女郎只斗草，赢得珠玑满斗归。"[①] 茶以白色的为上色，黄白的次之，混色的最贱，以此分出等级，决定胜负。

中国古代的钱币也经常被用来充当戏具。钱币具有很大的流通性，又轻便精致，因此经常被古人用来作为游戏的器具。唐代时期盛行一种叫作"掷金钱"的游戏，所用的戏具便是钱币。《天宝遗事》记载："内庭嫔妃，每至春时，各于禁中结伴三人至五人掷金钱为戏，盖孤闷无所遣也。"[②]《开元别记》亦云："明皇与贵妃在花萼楼下，以金钱远近为限赛，其无掷于地者，以金觥赏之。"[③] 有的人更是将钱币代替马球，玩起了击钱币游戏。唐段成式《西阳杂俎》载："建中初，有河北将军姓夏者，弯弓数百斤，尝于球场中，累钱十余，走马以击鞠杖击之，一击一钱飞起，高六七丈，其妙如此。"[④] 以钱代球，其技术要求更高，竞技性更强，因此常被一些古人用来作为展现自己身手的一种方式。

宋代时期的酒令中经常要用到一种叫作"选仙钱"的器具，其形与钱相似，却又不是钱币。选仙钱有圆形和长方形两种，一面铸

① ［宋］范仲淹：《范仲淹全集》，中华书局，2020 年版，第 36 页。
② ［五代］王仁裕：《开元天宝遗事》，中华书局，2006 年版，第 29 页。
③ ［宋］陈元靓：《岁时广记》，中华书局，2020 年版，第 42 页。
④ ［唐］段成式：《西阳杂俎校笺》，中华书局，2015 年版，第 494 页。

有仙人图像，另一面铸有古典诗文，它主要是供人行酒令时用的。现在所能见到的选仙钱，大约有十来种，如"王母钱"，一面绘有西王母像，一面有诗云："为种蟠桃树，千年一颗生。是谁来窃去，须问董双成。""曼倩钱"，一面绘有东方朔像，一面有诗云："本是真仙侣，才为世所高。偶因向天苑，三度窃蟠桃。""双成钱"，一面绘有董双成（王母侍女）像，一面有诗云："王母叫双成，丁宁意甚频。蟠桃谁窃去，须捉坐中人。"这种钱具玩时由酒席中的人手中各持一枚，且须保密，不得喧嚷。拈得王母钱者，依据"是谁来窃去，唯问董双成"的令辞，叫出董双成。拈得董双成钱的人须应声而出，帮助王母捉拿窃桃之曼倩。如捉到持曼倩牌的人，此人必须罚饮三大杯。如捉错了人，持双成牌之人则必须自饮一杯。

中国古代的戏具尽管五花八门，但在总体上还是呈现了一些共同的特点。从生成基础上看，它们大都带有较为明显的农业文明特征。它们所用的材料，一般都是出自农业社会，与农业社会的生产方式、文化特征相适应。例如，中国古代戏具大多以石、木、动植物为主，这与农业社会中的生产方式和文化特征都有很大的关系。它们的制作方式，也大都是以简单、原始的手工制作为主，其中还有相当一部分戏具，是在人们田间劳作，或者放牧砍柴时随手创制的；从思想内容上看，它们大都带有一定的封建主义色彩，许多戏具的内容反映了人们希图升官、发财，得到功名利禄等的心理，还有一些戏具更是直白地宣扬了仁义礼智信、忠孝节义等方面的观念。这些都是封建主义价值观和人生观在游戏文化上的反映；从发展历史上来看，它们大都经历了一个漫长的生成、发展和演变的过程。很多古代戏具产生源头很早，其中还有相当一部分更是渊源于遥远的原始时代，它们在漫长的历史发展过程中逐渐得到完善，逐渐变成为一种具有深厚历史积淀的文化物。

源起何处：
游戏来历探寻

　　中国古代游戏形式众多，因此在历史渊源问题上，也存在着多元化的倾向，这也就是说，各种游戏的历史起源是各不相同的。但是我们经过考察又可以发现，中国古代大多数游戏形式，在渊源问题上还是存在着某些一致性和共同性，它们大多来源于以下几个方面。

　　其一，来源于古代的物质生产活动。物质生产活动乃是人类维持生命，获取物质生活资料的最基本的活动，也是人们其他社会活动的基础，因此，由物质生产演变而来的游戏活动形式就特别多。

　　其二，来源于古代的军事战争活动。古代社会中的氏族争斗，诸侯称雄，经常造成大规模的军事战争，这些军事战争成为古人社会生活中的一个重要组成部分。随着历史的发展和社会的进步，战争的数量逐渐减少，于是，一些军事性的活动便演变成为娱乐性的游戏。

　　其三，来源于古代的社会风俗活动。在古代社会中，人们的日常行为、一举一动，都是在一定的社会风俗制约下进行的，这些风俗对于古代的人们具有重要的行为约束力。后来随着社会的发展，一些风俗习惯逐渐失去了社会规范的作用，逐渐由功利的范畴转化为娱乐的范畴，于是也演变成了游戏。

　　其四，来源于文化交流活动。古代社会中的各种民族文化之间经常有融合、交流的情况，特别是在国力强盛、政治开明的汉代和唐代，各民族之间文化交流的条件更多。一些异族的游戏活动形式，正是随着这种文化交流而进入汉族之中，并逐渐演变成为汉族自己的游戏形式。

　　总之，物质生产、军事战争、风俗习惯、文化交流等因素，对于中国古代游戏的产生都具有相当重要的影响和作用。

一　投射游戏与原始狩猎

　　普列汉诺夫曾引用德国著名实验心理学家威廉·冯特《伦理学》中的一句话："游戏是劳动的产儿，没有一种形式的游戏不是以某种严肃的工作作为原型的。不用说，这个工作在时间上是先于游戏的，因为生活的需要迫使人去劳动，而人在劳动中逐渐把自己的力量的实际使用看作一种快乐。"① 在这里，冯特注意到了游戏与人类劳动生产之间的密切关系，他强调游戏是从劳动生产中发源和形成的。这种观点很有见地。诚如冯特所言，现在仍在流传的许多十分有趣，娱乐性甚强的传统游戏形式，其最早的起源往往大都是一些十分紧张而严肃的劳动生产活动。最早的时候，这些活动完全是功利性的，它们的目的主要是满足人们物质生活的需要。但是到了后来，随着社会生产的发展和劳动效率的提高，产品有了剩余，人们不再需要为物质生活的需要而付出自己所有的劳动，于是一些原有的生产劳动形式便开始转化为娱乐游戏活动。

　　这种情况在中国传统的投射游戏方面有着十分明显的表现。中国古代有许多投射游戏活动，如扔石球、射箭、投壶等，它们大都已经发展成为讲究技巧、生动有趣的专门性游戏活动，有的还是专供古代文人们玩的"雅戏"。但是这些游戏活动的最早起源，却大

---

① ［俄］普列汉诺夫：《论本艺术》，生活·读书·新知三联书店，1964 年版，第 73 页。

多与充满野性的原始狩猎劳动有关。在原始狩猎时代，人们还没有学会耕种和纺织，只能依靠捕获猎物来获得主要的生活来源。割下猎物的肉将其烤熟，便是当时人们的美味佳肴，剥下猎物的皮缝制成衣，就成了狩猎时代先民们的精美服饰。这种充满野性的狩猎生活，所依靠的武器和工具主要就是石球和弓箭。对于石球在狩猎活动中的功能，考古学家们做过一番研究。他们认为，原始人在进行狩猎时，先是用兽皮将石球包裹起来，再用皮条将两三个石球连接在一起，手握一个石球在头上抡旋，然后对准野兽抛出去。绑有石球的皮条一旦碰上野兽的腿脚，就可以将其紧紧缠住，使其不能走动而被捕获。这或许是一种十分聪明的"石球捕猎法"。除此之外，直接用石球向野兽扔去，将野兽击伤或击倒的方法恐怕也经常为原始人所采用。但是到了后来，由于弓箭等先进技艺的发明，人们猎取野兽的能力逐渐提高，很少再需要用到石球这种笨重的工具，于是石球的功能便开始向娱乐性的方面转化，扔石球的目的不再是击伤或击倒野兽，而只是玩乐、消遣，增加一些欢乐的情趣。

弓箭的产生要晚于石球很多年，考古学家曾经在山西省的朔县、沁水县等旧石器时代文化遗址中出土了许多石镞，即石制的箭头，这些文化遗址距今约 2.8 万年。由此可见，在两万多年以前，中华先民们已经开始使用弓箭来猎取飞禽走兽。弓箭的发明是原始狩猎时代的一件大事，"弓箭对于蒙昧时代，正如铁剑对于野蛮时代和火器对于文明时代一样，乃具决定性的武器"。[1] 发明了弓箭以后，

---

① 中共中央马克思恩格斯列宁斯大林著作编译局：《马克思恩格斯选集》（第 4 卷），人民出版社，1972 年版，第 19 页。

狩猎的效率就有了很大的提高。人们能够用弓箭捕猎到很多的猎物，保证了较为充足的生活资料。进入新石器时代以后，社会生产技术又发展到了一个新的阶段，当时的原始农业和原始畜牧业开始大大发展起来，人们学会了种植庄稼，蓄养牲畜，生活资料有了更为充分的保障。由于大量蓄养牲畜，狩猎就不再像以前那样重要了，于是弓箭在人们现实生活中的作用也逐渐开始减弱。此后人们虽然还是经常要弯弓射箭，但这时已经不再是为了射得野兽，饱腹充饥，而是为了练习射箭技艺，以显示一下自己的本领。于是，娱乐意义上的射箭游戏便由此而产生了。

中国古代的射箭技艺后来演化出了许多游戏形式，它们大多发展成为一些专门的游戏活动，完全失去了与物质生产之间的联系。但是，从某些射箭游戏的内容中，我们还是多少可以看出一些原始狩猎的印迹，特别是在某些少数民族的射箭游戏活动中，这一点表现得更为明显。如宋代时期契丹族中盛行的射兔、元代蒙古族中盛行的射草狗、清代满族中盛行的射鹄

商喜《明宣宗行乐图》（局部）[故宫博物院藏（明代）]图中描绘明代宫中射箭比赛情景亭内正中而坐者为明宣宗朱瞻基，前树彩旗与箭靶，大臣们正在轮番比射。

等游戏活动，所射的对象都是一些动物，它们
实际上是原始时代中捕猎野兽、射击猎物的生
产活动的再现。

过去达斡尔族中还有一种传统的射箭游戏
比赛，叫作"射萨克"。所谓"萨克"者，
就是动物的踝骨。比赛时把十几块"萨克"
横放在地上，在大家商定的距离之外用箭射。
先进行预赛，射中较多者参加下一轮比赛。

《康熙南巡图》（局
部）〔故宫博物院
藏（清代）〕
图中一位射手张弓
搭箭，瞄准树上鸟
儿准备施射，另两
位似在观望议论。

预赛优胜者站在较近处再射，最后以射中"萨克"的多少确定成绩和名次。这种以射动物的踝骨为内容的游戏活动，很明显地带有原始狩猎的色彩。

二 角抵、风筝与古代军事

中国古代的军事战争，也是许多传统游戏形式产生的重要原因。在漫长的社会发展过程中，中国曾经发生过许多重大的军事战争。早在原始时代，居住在黄河中上游流域的炎黄部落、居住在黄河下游的太昊、少昊部落及居住在黄河以南的蛮苗部落之间经常为了争夺地盘而互相攻战杀伐，进行过无数次的战争。后来黄帝部落打败了其他几个部落，形成了较为统一的华夏民族。到了尧、舜、禹时代，与南方三苗部落的战争又起，终将三苗赶到了长江以南。商周时期的军事战争也十分频繁，商灭夏，周灭商，都经过了许多重大的战争。特别是春秋战国时期，中国社会形成了诸侯割据，各国争霸的政治局面，旧有的奴隶主大贵族与新兴的地主阶级形成了尖锐的矛盾，由此而产生了长达数百年的"春秋无义战"。秦统一中国以后，中国进入了较为统一的封建社会，形成了中央集权的封建君主制统治。但是由于政治权力的高度集中、官僚阶层的腐败堕落、经济剥削的日益加重、周边民族的骚扰侵袭等因素，封建社会的阶级矛盾和民族矛盾非常突出，统治阶层内部由于权力的分配问题而引起的矛盾也非常严重，这些都经常会引发当时社会中大量的军事战争，如中国历史上有名的楚汉之争、三国之争、南北朝之争、五代十国之争等，都是持续了很长时间的战乱年代，其中发生的战争不计其数；此外，各个时代中的农民大起义、周边少数民族进犯等，也使中国封建社会中一直战争不断，杀伐连年。

乍一看来，军事战争是关系到国家、民族生死存亡的重大事件，与那些只是为了娱乐、消遣而产生的游戏活动风马牛不相及。但实际上，中国历史上很多传统的游戏活动，都与军事战争有着十分密切的关系，它们正是从一些军事战争中的某些方面或某些活动演变而来的。

我们可以在中国古代的游戏活动形式中，找出许多关于这方面的例证。例如，在秦汉时期已经十分盛行，到了唐宋时期已普及朝野的角抵戏，其最早的原型就是一种军事战争活动。角抵戏的起源一直可以追溯到原始时代。当时少昊部落的蚩尤向炎帝部落的共工发动进攻，共工失利，向黄帝部落求援。于是黄帝和炎帝两个部落结成联盟，同蚩尤部落大战于涿鹿。蚩尤战败后被杀。这场战争进行得相当惨烈，《庄子·盗跖》云："然而黄帝不能致德，与蚩尤战于涿鹿之野，流血百里。"[1] 蚩尤部落在与黄帝部落打仗时，运用了一种特殊的攻击方法，就是在头上戴着一种有角的器具，敌人进犯时，便用头上的角器来抵撞。这种特殊的角抵方法，实际上是对牛的搏斗方式的模仿。蚩尤是一个以牛为图腾的部落，古书上描写蚩尤族的人都是"人身牛蹄，耳鬓如剑戟，头有角"。这虽然是神话传说，但是由此也可以看出蚩尤族与牛的密切关系。

---

[1] ［元］马端临：《文献通考》，中华书局，第 2011 年版，第 4418 页。

图为庆祝红宫落成典礼而举行仪式的一幅壁画的局部。图中，六对摔跤手正在进行激烈的摔跤竞赛，这些摔跤手均上身赤裸，下着短裤，表现出奋力竞争的态势。周围坐有观看比赛的喇嘛。

原始时期的部落战争结束以后，蚩尤族这种用角抵人的方式被保留了下来，但是它已经不再是被用来攻击敌人，而是逐渐演变成为人们的一种嬉戏方式，也因此而被称为"蚩尤戏"。《史记·乐书》中云："蚩尤氏头有角，与黄帝斗，以角抵人，今冀州有乐名蚩尤戏，其民两两戴牛角而相抵。"这说明到了汉代时期，角抵的方式已经逐渐变成了一种游戏活动。角抵到了隋唐以后，其娱乐、游戏的色彩更为浓厚，隋炀帝和唐懿宗等人都十分喜爱角抵戏比赛，他们还经常在宫中组织角抵戏表演，由几个角抵技术很好的人互相对打，决出胜负。民间的角抵、相扑之戏也非常普遍，在宋代的瓦舍中，还设立了专门进行角抵戏比赛的"相扑社""相扑朋"。这时的角抵戏已经完全没有了原始时期的战争中那种野蛮血腥的场景，倒是处处充溢着欢快、热闹、有趣的情调。

由此可见，角抵戏这种渊源于远古时代部落战争的军事活动，经过了若干年的传承和演变以后，已经完全发展为一种游戏的形式，它不再被用来互相攻战杀伐，而是成了人们消遣娱乐，寻求愉悦的方式。角抵戏的这种发展、演变的过程，十分典型地证明了由军事活动演变为娱乐游戏的历史事实。

中国传统的放风筝游戏，其起源也与军事战争有关。风筝的前身是一种叫作"木鸢"的工具，也叫"飞鹊"。早在2 000多年前的春秋时期，木鸢、飞鹊的形式就已出现了。《墨

《方氏墨谱·九子墨风筝图》［中国国家图书馆藏（明代）］风筝的前身是木鸢，主要用于侦察敌情。到了五代时风筝演变成一种游戏形式，尤其受妇女与儿童们的喜爱。图为明代儿童们放风筝的情景。

子·鲁问》中云："公输子削竹木以为鹊，成而飞之，三日不下。"[1]
根据这条记载来看，这种工具当时是由鲁国的公输般制造的，以竹
木为材料，它的性能已经很好，可以连飞三天而不会掉落。另外，
据说楚国的墨子也能制造木鸢。《韩非子·外储说》云："墨子为木鸢，
三年而成，蜚一日而败。"[2]墨子是春秋时期的思想家，公输般是春
秋时期的能工巧匠，他们为什么都要制作这种木鸢、飞鹊之类的东
西呢？原来，这是出于战争上的需要。当时诸侯并起，各国争雄，
在纷繁的战争中，交战各国都竭力想了解对方的军事实力和攻防布
置情况，并经常利用各种手段来侦察、窥探敌国的军事情报。木鸢、
飞鹊之类的工具，在当时就是被用来刺探军事情报的。古籍云："（公
输般）亦为木鸢以窥宋城。"[3]这便是春秋时的公输般、墨子等人制
作木鸢、飞鹊的真实用意。

从汉代到唐代，历时 1 000 多年，在此期间，木鸢逐渐演变成
为用纸制成的"纸鸢"，但是它的功能仍然主要是在于军事战争方
面。如汉朝的大将韩信将楚霸王项羽围于垓下的时候，就曾在纸鸢
上放上一些吹笛，奏出楚曲来使项羽军队的斗志涣散。后来韩信趁
汉高祖外出征战诸侯陈豨时，又密谋造反，夺取王位，他用纸鸢测
量出到未央宫的距离，以便可以挖地道进入宫中。到了南北朝时期，
纸鸢这种工具仍然被用于军事战争方面。如据《独异志》载，梁太
清三年（549），梁武帝萧衍被叛臣侯景包围于台城，兵疲粮绝，几
次突围未成。后来太子萧纲和大臣羊侃提出用纸鸢系上告急文书，

① ［战国］韩非：《韩子浅解》，中华书局，2009 年版，第 273 页。
② ［战国］韩非：《韩子浅解》，中华书局，2009 年版，第 273 页。
③ ［唐］刘𫄨，张鷟：《随唐嘉话　朝野佥载》，中华书局，1979 年版，第 153 页。

孙悟空风筝［山东省潍坊市风筝博物馆藏(清代)］风筝是一种融"扎""绘""糊"等多种艺术的"工艺戏具"，在中国古代具有很大影响。明清时，北京、天津与山东潍坊都形成了自己独特的风筝制作风格。图为山东潍坊制作的孙悟空风筝。

童子风筝［山东省潍坊市风筝博物馆藏(清代)］山东潍坊制作的童子风筝。风筝上的童子身穿交袵红衣，手提盛鱼小篮，十分生动可爱。

仕女风筝［山东省潍坊市风筝博物馆藏(清代)］山东潍坊制作的仕女风筝。风筝中两位仕女身着绣襦，手提花篮，仿佛从天空飘然而至。

向城外求援。侯景看到纸鸢飞出，便指使弓箭手用箭将纸鸢射落。谁知道落在地上的纸鸢都变成了活鸟，一会儿便飞入云霄而不知去向。这个故事虽然带有一定的神话色彩，但是用纸鸢来充当军事工具这一点是完全真实的。唐朝时，也有利用纸鸢来传送军事情报的情况，如唐德宗时，田悦叛唐，围临铭，守城将领张伍用纸鸢系上信件向城外告急。大将马燧收到信件后，便立即派兵前来，一举打退了田悦。

　　一直到了五代的时候，纸鸢这种古代军事工具才演变成为真正的游戏娱乐器具。据明代陈沂《询刍录》云："五代时李邺于宫中作纸鸢，引线乘风为戏。后于鸢首以竹为笛，使风入竹，如筝鸣，故名风筝。"① 从这一记载中我们可以看出，至五代时期，风筝的叫法才真正出现。当时的人们制作风筝时在鸢的头上装上了笛子，放上天空后，风进入笛子，便会发出筝鸣般的声音，故称"风筝"。这时它已经变成了统治者们在宫中、府中玩乐的游戏工具。由春秋时期的木鸢到汉魏南北朝时期的纸鸢，再到五代时期的风筝，经历了一个相当漫长的过程。这个过程向我们展示了风筝这种器具由军事工具转化为游戏工具的历史，为我们提供了又一个渊源于古代军事战争的游戏形式的范例。

另如中国古代的蹴鞠、围棋、象棋等游戏活动，从其渊源关系上看，也大都与军事战争有关。南朝宗懔《荆楚岁时记》引刘向《别录》云："蹴鞠，黄帝所造，本兵势也。"这说明蹴鞠这种活动，最早是为了训练军队将士，以提高将士们的战斗能力而创制出来的，其起源与军事战争有非常直接的关系。围棋的产生更是与军事战争密切相关。围棋之源一直可以追溯到先秦时期，当时正是诸侯割据，纷争并起的战乱年代。这种以杀伐征战为典型时代特征的社会现实对当时的思想文化必然会产生重大的影响，围棋这种供当时上层社会的人们消遣娱乐的游戏形式，由此也带上了浓厚的军事色彩。围棋着子的战略战术及最后计算胜负的方法等方面，都与古代的作战方略相似，因此有人甚至认为围棋艺术本身就是一门军事艺术。

我国古代的象棋，实际上也是一种渊源于军事战争的游戏活动。象棋古称"象戏"，有些古人认为它起源于原始时代的军事演习和

---

① ［清］徐珂：《清稗类钞》，中华书局，2010 年版，第 6064 页。

军事操练活动，宋晁补之《广象戏格·序》云："象戏，戏兵也。黄帝之战，驱猛兽以为阵，象，兽之雄也，故戏兵以'象戏'名之。"①按照这种说法，当时黄帝在操练军队时，要用一些猛兽来布阵，这些猛兽中以象最为高大雄健，因此这种训练猛兽的活动便叫作"象戏"，它就是以后象棋的雏形。这种说法虽然具有一定的想象成分，但是象棋渊源于古代军事战争的确是事实。从象棋的形制上便可充分看出这一点。根据唐代牛僧孺《玄怪录》记载，宝应元年在一古墓中发现的象棋棋局，是"列马满枰，皆以金铜成形，其干戈之事备矣"。②这完全是古代军事布阵和队列的再现。再从这种象棋的棋具上看，有王（将）、上将（象）、军师（士）、辎车（车）、马、六甲（卒）等，这些棋子很明显都是当时军队中的人员编制。再看看宋代司马光创制的"七国象棋"，其仿效军事战争而制的特点更为明显。如棋局中有7个国家，分别为周（黄色）、秦（白色）、楚（赤色）、齐（青色）、燕（黑色）、韩（丹色）、魏（绿色）、赵（紫色）。周居中央，其他各据东西南北各方。7国各有"将"，可直行斜行无远近，"偏"将可直行无远近，"裨"将可斜行无远近，"行人"可直行斜行无远近，但不能役敌，"砲"可直行，隔前一棋可击物。"弓"直行斜行四路，"弩"直行斜行五路，"刀"斜行一路，"剑"直行一路，"骑"曲行四路，直一斜三。这种行棋方法，完全是模仿古代军事战争的格局以及古代军队中的组织编制和作战方式而制定的，它清楚地体现了中国象棋游戏渊源于古代军事战争的历史事实。

---

① ［元］马端临：《文献通考》，中华书局，2011年版，第6283页。
② ［唐］牛僧孺：《玄怪录》，中华书局，2008年版，第127页。

三　由古代风俗演变而来的游戏

风俗是人们在长期的社会生活中形成的一种文化传统和行为规范，它是群体性社会观念和社会心理的产物。一定的群体观念和群体心理，会造成人们行为方式上的某些一致性，这种一致性的行为方式经过长期的历史发展和积淀，便会演化成具有相当稳定性结构的行为文化模式，即所谓的风俗。风俗一经产生，便会成为一种社会规范，对人们的行为方式起到很大的制约和支配作用。但是风俗作为一种文化传统和行为规范也不是一成不变的，随社会经济文化的发展，某些风俗也会在不同程度上发生一定的变化。这种变化有时表现在传统的风俗形态完全被另一种新的风俗形态所代替，有时则是表现在虽然传统的风俗形态仍然保留着，但是其心理基础和内在性质已经与以前明显不同。

中国古代许多风俗向游戏形式转化的现象，大都是属于后一种情况。这些风俗本来并不具有娱乐、游戏的性质，它们主要体现的是人们在政治经济、宗教信仰、伦理道德、生产消费等方面的思想观念和社会心理。但是到了后来，这些思想观念和社会心理方面的因素逐渐淡化，而娱乐性、游戏性方面的因素逐渐加强，于是，本来属于风俗范畴的东西便转化成了游戏的形式。

例如，中国古代有一种叫作"曲水流觞"的酒令游戏，最早就是由风俗活动演化而来的。"曲水流觞"的玩法是：喝酒之人围坐在一条环曲的水渠旁，在水的上游放置一只酒杯，任酒杯随流而下，酒杯停在谁的面前，谁就要取杯饮酒。有时用的是两边有耳的陶制酒杯，因酒杯较重，就将其放在荷花叶上，使其浮水而行。历史上最为有名的一次"曲水流觞"游戏，是晋代王羲之等人在兰亭举行的。永和九年（353）的三月初三日，王羲之邀请数十位好友一起喝酒作诗，大家在清溪两旁席地而坐，将盛了酒的觞杯放入溪中，酒杯随着溪水在石块上磕磕碰碰，最后流到一人面前停下，此人便即兴赋诗并饮酒，作不出诗的还要被罚酒。在这次游戏中。有11人成诗2篇，15人成诗1篇，16人没有成诗，只得各饮三觥。后来，王羲之还把这次游戏中所写的诗编纂成集，这就是十分有名的《兰亭集》。这种曲水流觞的酒令游戏后来还逐渐普及到民间，成为很多民间酒会中的娱乐节目，如宗懔《荆楚岁时记》记载："三月三日，士民并出江渚池沼间，为流杯曲水之饮。"

为什么曲水流觞的活动总是要在三月三日举行呢？这就涉及这种游戏与古代风俗的关系问题了。原来，三月三日古称"上巳"，本是一个祓除灾祸，祈降吉福的日子。古人在此日要进行一种重要的风俗活动，叫作"祓禊"。"祓"是祛除祟气的意思，'禊'是修洁、清身的意思。"祓禊"的具体方式，就是大家到清洁的河水中去沐浴擦洗，以除去身上的秽气。这种风俗在先秦时代已很盛行。我国古代的经典诗集《诗经·国风》中，有一首《郑风·溱洧》的诗，其词云："溱与洧，方涣涣兮。士与女，方秉蕑兮。"就是描写当时的郑国每逢春季三月桃花水涨之时，男女们便聚集在溱洧两水之上，招魂续魄，秉执兰草，祓除不祥的生动情景。到了汉代时，三月上巳已成为一个定型的节日，每逢此日官家平民都要到水边去洗濯，连帝王后妃也不例外。后来，大家乘洗濯被褉的机会，纷纷饮酒作乐，并把酒杯放在水中让其漂流，于是便形成了后来的曲水流觞之戏。

中国古代还有一种十分有趣的游戏活动，叫作"斗百草"，也与古代的信仰风俗关系十

斗草多在端午日进行。届时采得各种花草聚集在一起，各自说出其名称，说得多而准确者为胜。图中四位老人围坐一圈，前面放着几簇花草，正在指东道西，说长论短，展开斗草之戏。

分密切。"斗百草"一般总是在五月端午那天进行的。《荆楚岁时记》："……五月五日，四民并踏百草，又有斗百草之戏。"①《岁华纪丽》："端午结庐蓄药，斗百草。"②

古代的斗百草游戏主要有两种玩法，一种是对花草名。参加游戏的一方先说出一种花草的名称，另一方则应以另一种花草名称，如狗

金廷标《群婴斗草图》［故宫博物馆藏（清代）］
图中一群儿童一边采草，一边玩耍，反映了斗草游戏的浓厚文化情趣。

① ［宋］欧阳修：《欧阳修诗编年笺注》，中华书局，2012年版，第1200页。
② ［清］翟灏：《通俗编》，中华书局，2013年版，第424页。

耳草对鸡冠花，君子竹对美人蕉等。这样一先一后地对下去，直到一方对不上来为止。在《红楼梦》第六十二回中，有一段生动的"斗百草"游戏描写，表现的是香菱、芳官、蕊官、藕官、豆官、小螺等几个人互相斗花草名玩乐的场面。当时大家采了一些花草，兜着坐在花草丛中相斗起来。一个说："我有观音柳。"另一个说："我有罗汉松。"一个又说："我有君子竹。"另一个说："我有美人蕉。"一个说："我有星星翠。"另一个则说："我有月月红。"这个说："我有《牡丹亭》上的牡丹花。"那一个又说："我有《琵琶记》里的枇杷果。"豆官便说："我有姐妹花。"香菱便说："我有夫妻蕙。"豆官说："从来没有听见有个'夫妻蕙'！"香菱说："一个剪儿一个花儿叫作'兰'，一个剪儿几个花叫作'蕙'，上下结花的为'兄弟蕙'，并头结

陈洪绶《斗草图》［辽宁省博物馆藏（明代）］

斗草游戏较为轻松雅致，因此深得古代妇女们的喜爱。图为几位仕女在野外进行斗草游戏时的情景。一位仕女手中拿着花草，正在侃侃而谈，其他几位仕女则在会神倾听。

花的为'夫妻蕙'。我这并头的，怎么不是'夫妻蕙'？"这段文字，把古代的斗草游戏描写得非常形象生动。

还有一种玩法是比草的韧性。参加游戏的两人持草相对，每人两手各持一花草茎，并使双方的花草茎相交，随后双方同时用力向自己一方拉，谁的花草茎先断则谁就被判为输家。这种游戏最受儿童们的喜爱。

斗百草之戏之所以一般都在五月五日进行，与它本是一种起源

陈洪绶《斗草图》（局部）［辽宁省博物馆藏（明代）］。

于古代辟邪除毒风俗的活动有着密切的关系。农历五月正是天气炎热，疾病多发的季节，很多毒蛇害虫都在五月间繁殖起来，它们经常会给人造成极大的危害。因此，古人常把五月称为"恶月"，认为该月中有五毒，即蛇、蝎、蜈蚣、蜥蜴和癞蛤蟆。古人的这种认识虽然并不全面，但是五月之间的气候条件的确会给人的健康带来许多不利。为了防御疾病，促进健康，到了五月端午之时，人们便要遍踏百草，采集药材，并用采得的药材熬制成汤进行沐浴。《夏小正》云："此日蓄药，以蠲除毒气。"① 很多人在这一天还要饮菖蒲酒以除毒气。古代在五月端午时踏百草、采药材、熬汤药、饮药酒的做法，后来便逐渐演变成为一种采花草、斗花草的社会习俗。后来人们在端午节采的不一定是药材，而更多的是各式各样的花草。每逢闲时，人们就用这些采得的花草互相斗嬉取乐，于是便出现了种种斗花草、对花名的游戏活动。

　　古代的妇女在七夕那天喜欢玩一种叫作"穿针""浮针"的游戏，其实也是风俗活动的产物。元代时，每逢七月七日，宫中的妇女们便要玩穿"九尾针"的游戏。她们登上高台，各自手中拿着五彩丝线穿九孔针。谁穿得最快，谁便获得胜利，这称为"得巧"。明清时期，妇女中又盛行"丢针""浮针"之类的游戏。其方法是在七月初六那天取清水一碗，放在太阳底下暴晒，到了七月初七清晨，拈平日缝衣针投入水中，缝衣针浮在水面，其针影则映入水底，有的散如花，有的动如云，有的细如线，有的粗如椎。游戏者就凭这些针影来占验智愚。这种七夕之日的针线游戏，实际上是由中国

① ［梁］宗懔：《荆楚岁时记》，中华书局，2018 年版，第 47 页。

古代"乞巧"风俗演变而来的。

乞巧风俗与中国民间传说故事"牛郎织女"有关。据传说所云，织女本是天帝的孙女，她不慕天庭的富贵生活，下凡与牛郎结为夫妻。后因王母娘娘的阻挠，她被迫与牛郎分开，只能在每年的七月初七那天与牛郎见一次面。由于传说中的织女是一个心灵手巧，十分能干的仙女，因此受到了广大妇女的崇拜。每至七月初七晚上，妇女们便要对月穿针，向织女乞求智巧，这就是所谓的七夕乞巧风俗。此习俗在南朝宗懔《荆楚岁时记》中就有记载，书中云："是夕，妇人结彩缕，穿七孔针，或以金、银、鍮石为针，陈瓜果于庭中以乞巧。"[1] 可见这种风俗自南朝时已经开始流行。七夕乞巧本来具有十分明显的功利意义，当时妇女们这样做的目的，主要是希望自己的针线活也能做得像织女一样精巧。但是到了后来，乞巧的功利性逐渐淡化，逐渐演变成为一种具有很强娱乐性、嬉戏性色彩的游戏形式。

从以上三个例子我们可以看出，中国的许多信仰风俗，与游戏活动之间常常有着密切的联系。如祓禊、祛秽、乞巧等，本来都是宗教信仰范畴的活动，它们反映了古代人们在宗教信仰方面的观念和心态；但是随着时代的发展和宗教观念的日益淡化，这些活动中的宗教性内涵逐渐消退，于是，这些古代的宗教信仰风俗便由此而转化成了娱乐性、消遣性的游戏形式。

除了信仰风俗以外，其他性质的风俗也经常有转化为游戏的情况。例如，中国北方农村中过去有一种叫作"叉元宵"的游戏形式，

---

① ［梁］宗懔：《荆楚岁时记》，中华书局，2018年版，第59页。

就是由传统的饮食风俗演变而来的。玩"叉元宵"游戏的大都是青年人。他们在地上支起一口大锅，锅内烧煮着用糯米做成的大元宵，距离锅的 9 尺处放置一只大碗。游戏者手拿一根小竹叉，先到锅中叉住上下翻滚的元宵，然后将其放到远处的碗里。如能在规定的时间内完成规定的数目，便算获得胜利。没有叉中元宵，或叉的过程中有失误的，都算负，改由他人来叉，失败者须付元宵钱。这种游戏与北方的卖元宵风俗有很大关系。过去每逢春节，北方的许多做小生意的人便要挑着担子走街串坊卖元宵。担子的一端装着锅，锅中煮着上下翻滚的元宵，另一端放着碗和叉子。顾客来了，卖元宵者便用叉子将元宵叉到碗中递给顾客。长此以往，这种饮食风俗便变成了一种游戏。

四　来自外域的游戏

中国古代还有相当一部分游戏活动形式，最早来自一些边远地区的少数民族和邻近的其他各国。在中国历史上汉族与周边地区的少数民族及其他国家的文化交流、文化融合情况非常之多，尤其是在汉族的王权统治较为巩固、国力较为强盛的时期。例如，汉代和唐代时期，边远地区的少数民族和其他国家纷纷与汉族建立了外交关系，文化交流活动也随之广泛开展起来。但有时当汉族的王权统治处于十分衰弱、诸侯纷争，外族骚扰不断的时期，各民族之间的文化交融也会随此而增加，如春秋战国、两晋南北朝、五代十国时期，由于各个国家、各个民族之间经常进行长期的混战，由此也会带来各国和各个民族之间文化上的融合。

随着这些文化交流活动的开展，各个民族和国家的游戏形式也被大量引进到汉民族中来，它们丰富了中国汉族游戏的内容，也为汉族游戏的发展开创了许多新的领域。如中国古代十分盛行的荡秋千游戏，最早便是从北方的少数民族山戎那里引进的。《古今艺术图》云："秋千，北方山戎之戏，以习轻趫者。或云：'齐桓公北伐山戎，此战始于中国。'"① 山戎是春秋时期一个居于今河南东部的少数民族，以游牧为主。当时这个民族中流行荡秋千，主要是为了锻炼人轻捷、矫健的能力，是一种习武性质的活动。后来齐桓公征伐山戎，从该民族处学到了这种本领，于是便将此术带回中国，并逐渐演变为汉族中普遍流行的游戏活动。

中国古代的棋类游戏中，也有很多来自其他国家或民族。例如，汉魏时期十分盛行的樗蒲，最早便是从西域地区的少数民族那里传入的。晋张华《博物志》云："老子入胡，作樗蒲。"② 东汉马融《樗蒲赋》则认为"伯阳入戎，以斯消忧"。他们这里所说的"胡""戎"，都是指居住在西北地区的少数民族。可见，樗蒲之戏最早就是出于这些地区的民族之中，后来才逐渐流传到中原。

又如南北朝时期十分盛行的握槊，也是来自外域。关于握槊的起源现在主要有二说。一说认为它最早出自胡地。《魏书·术艺传》云："赵国李幼序、洛阳丘何奴并工握槊。此盖胡戏，进入中国。"

---

① ［梁］宗懔：《荆楚岁时记》，岳麓书社，1986 年版，第 14 页。
② ［唐］欧阳询：《艺文类聚》，上海古籍出版社，1998 年版，第 1278 页。

该书中还讲了一个胡王的弟弟在狱中向胡王进献握槊的故事，"云胡王有弟一人遇罪，将杀之，弟从狱中为此戏以上之，意言孤则易死也"。[①] 这也是握槊最早出自胡地的有力证据。另一说认为握槊、双陆之戏最早是从"西竺"，即印度传入中国的。宋洪遵《谱双》云："双陆最近古，号雅戏。以传记考之，获四名：曰握槊，曰长行，曰婆罗塞戏，曰双陆。盖始于西竺，流于曹魏，盛于梁、陈、魏、齐、隋、唐之间。"[②] 这种说法根据似较为充足。从名称上看，握槊又称为"婆罗塞戏"。"婆罗"系梵语，表示"智慧"之意。在魏晋南北朝时期，"婆罗"一词被中国人世俗化为"外来""西来"的代名词。如当时有所谓的"婆罗球""婆罗密"之类的说法，都是指这些东西来自外域。"塞戏"是指不用骰子的博戏。这个词的完整意思就是"外来的博戏"。认为握槊源自西竺的说法，实际上与认为握槊源自胡的说法并不矛盾。古代的"胡"是一个比较笼统的概念，可泛指西北少数民族或西域地区，广义的西域还包括了中亚和波斯地区。因此现在我们虽然不能具体确定握槊最早起于何处，但是这种游戏形式首先是由西部传入中原的这一点大概是没有什么疑义的。[③]

中国古代的马球，也是由外域民族处输入的。马球古称"击鞠"，主要盛行于唐代。马球在当时还有一种称谓，叫作"波罗球"，也就是说，它是一种从外面引进的球戏。马球的渊源现在也有二说。一说认为是由西藏传入，另一说认为是由波斯（伊朗）传入。这二

[①] ［北齐］魏收：《魏书》，中华书局，1974 年版，第 1972 页。
[②] ［宋］程大昌：《演繁露校证》，中华书局，2018 年版，第 383 页。
[③] 罗新本，许蓉生：《中国古代赌博习俗》，陕西人民出版社，2002 年版，第 42—43 页。

说虽有分歧，但也可大致确定马球这种形式最早是从西部的民族传入中国的。当时的西域大宛盛产好马，并每年向大唐王朝进贡，这激发了唐代朝野对养马及马术的兴趣，故马球之戏也便在此时从西方民族传入中国。

在前一章中谈到的射柳、射兔之戏，本来都是北方少数民族如契丹、金、满、蒙古族等族擅长的游戏形式。这些民族大都以游牧为生，打猎射箭本是他们最为擅长的技艺，因此射箭游戏在这些游牧民族中也特别发达。例如，宋代时辽国、金国等少数民族国家，每到五月端午之日，便要举行盛大的射柳、射兔比赛，这种方式后来随着辽、金多次进犯中原，也被逐渐推广到汉民族之中；又如，清代的满族也素以射箭、骑马著称，他们的射箭游戏名目十分繁多，如有射鹄子、射月子、射绸、射香火等。清《天咫偶闻》云："国家创业，以弧矢威天下，故八旗以骑射为本务，而士大夫家居，亦以射为娱。家有射圃，良朋三五，约期为会。其射之法不一：曰'射鹄子'，高悬栖皮，送以响箭……曰'射月子'……即画布为正也。曰'射绸'，悬方寸之绸于空而射之，此则较难。又有于暮夜悬香火于空而射之，则更难。然皆巧也，非力也。"① 随着清朝的建立，这些游戏形式于

① 陈锦钊：《子弟书集成》，中华书局，2020 年版，第 4647 页。

[内蒙古自治区敖汉旗皮匠沟辽代1号墓葬壁画（局部）（辽代）]
辽金时期，马球活动仍然颇为流行。当时的统治者每年端午拜天仪式后都要举行射柳、马球诸戏。图为辽金墓葬中出土的打马球壁画，画中五位参赛者各自骑于马上争抢一球，场面十分紧张激烈。

是也被带入北京，并在汉人中广泛普及开来。据《帝京岁时纪胜》记载，当时的清代京城中每逢端午节，人们"或南顶城隍庙游回，或午后家宴毕，仍修射柳故事，于天坛长垣之下，骋骑走獬"。

以上我们从生产劳动、军事战争、社会风俗和文化影响等方面，考察了中国古代游戏的起源。应该说，这些方面都是中国古代游戏的重要源头，与中国古代游戏的形成、发展、演变都有着十分密切的关系。所以如此的原因在于，作为物质生产、军事战争、社会风俗等方面的活动，本来具有十分鲜明的功利目的，它们是人们延续生命、维持生活的必不可少的条件。但是当这些方面的问题都得到了较为圆满的解决之后，它们身上的功利性因素便会逐渐淡化，便会出现逐渐由功利性目的向娱乐性、消遣性目的转移的情况。于是，这些原本都是属于物质、功利层面的社会活动，便会逐渐演变成为精神层面的，具有浓厚娱乐、消遣性质的游戏形式。

游戏与岁时节令

岁时节令，即一年中某些特定的时期和节日，与中国古代人的生活关系极为密切，它支配着古代人的生活节奏和生活规律。如中国古代农事生产方面的春种、夏耘、秋收、冬藏，宗教祭祀方面的春祈、秋报、冬腊，娱乐活动方面的节庆庙会、社火百戏，等等，都与岁时节令有着十分密切的关系。或许可以说，中国古代人的一切活动，都是顺应着岁时节令的规律而进行运作的。

中国古代的游戏作为一种娱乐活动的方式，与岁时节令的关系也非常密切，这主要表现在如下三个方面。

一是游戏活动与岁时节令之间有着密切的对应关系。也就是说，一定的游戏活动形式，总是出现在一定的岁时节令之中，以致形成了大量的岁时节令性游戏。它们又可以分为两种类型：一种是应时性游戏，另一种是应节性游戏。

二是游戏活动在一定的岁时节令中，往往有着十分集中的表现。诸如春节、元宵、清明、端午、七夕等节日中，中国古人总是要进行大量的游戏活动，尽情地玩乐嬉戏。

三是某些游戏活动的日期由于不断地重复，逐渐演化成为一种特殊的节日——游戏节，这种情况在少数民族地区较为多见。

总之，中国古代的游戏活动，在很大程度上都是顺应着一定的岁时节令规律而进行的，它们与岁时节令之间，存在着相当密切的关系。

一 正月抓子儿，七月斗蟋蟀——应时性游戏

应时性游戏是指那些在一定的季节、月份中出现的各种不同的游戏活动。由于各个季节、月份中的气候有所不同，因此这些季节、月份中的游戏形式也有所不同。有些游戏形式活动量大，消耗的体力多，如跳绳、踢毽子、抽陀螺等，它们比较适合在寒冷的冬季进行。有些游戏形式必须在一定的季节中的自然条件下才能进行活动，如放风筝必须要依凭一定的风力，但风力太大也不行，因此它一般都是在微风轻拂的春秋之季进行的。还有一些如斗鸡、斗蟋蟀、斗鹌鹑之类的游戏活动，由于动物的习性与季节、气候条件有关，因此也必须在一定的时令中进行。如斗鸡多在春季，斗蟋蟀则多在秋季。由此可见，游戏活动与时令气候的关系十分密切，很多游戏形式，都是在适应于一定时令、气候的条件下产生的。

由于一定的时令与农业生产活动的程序密切相关，而农业生产的程序又会对农村中的生活规律产生重要影响，因此这也会使古代的游戏活动表现出十分明显的时令性。例如春、夏、秋三个季节，是中国古代农业生产中十分繁忙的时期，春天要耕地播种，夏天要锄草灭虫，秋天要收割装仓，因此不可能有很多时间来进行娱乐消遣，这些季节中的游戏活动形式相对也要少些。冬季是一年中最末的一个季节，也是农民们休息、娱乐的日子，因此大量的游戏活动都出现于冬季。尤其是春节期间，游戏活动最为集中，这时各种各样的室内、室外游戏都开展得非常热闹红火，诸如抓子、猜谜、斗牌、博戏、

摸瞎、划拳、跳绳等，都是传统的冬令游戏中常见的形式。当然，这种游戏的时令性特点主要是对直接参加农业生产的农民群众而言的，而对于皇亲国戚和贵族官僚来说，由于他们并不参加生产劳动，因此在游戏活动上所表现出来的时令性特征也就不十分明显。

中国古代还有一些游戏形式，是由于宗教祭祀方面的原因而与一定的季节、时令形成了对应关系。前文已阐述，中国古代游戏形式中有相当一部分是由宗教信仰风俗演变而来的，而这些宗教信仰风俗大都有着十分鲜明的时令性，如春祈、秋报等祭祀社神的活动一定是在春天和秋天进行的，腊祭则一定是在冬季进行的。中国古代还有一种重要的时令性宗教祭祀活动，叫作"驱傩"，也就是赶鬼祛祟，也是在寒冬腊月时进行的。这是因为古人认为腊月是阴气积聚的季节，这时鬼祟最容易出来危害人类，因此驱傩赶鬼的活动一般都是放在寒冬腊月进行的。这些时令中的宗教祭祀活动，后来有很大一部分演变成了游戏的形式，于是这些游戏形式也呈现出了鲜明的时令性特点。

在明清时期的文人笔记，如《帝京景物略》《燕京岁时记》《日下旧闻考》中，对当时北京地区的时令性游戏活动有着较为详细的记载，这些记载较为典型地反映了明清时期北方人民在一年四季之中各种游戏活动的基本情况，它们可以帮助我们了解中国古代的游戏活动那种十分鲜明的时令性特点。

根据这些书的记载，明清时北京地区的群众在正月里常玩的游戏主要有抓子儿、跳百索、摸瞎、打鬼等等。明刘侗、于奕正《帝京景物略·春场》中云："是月（正月）也，女妇闲，手五丸，且掷且拾且承，曰抓子儿。丸用橡木银砾为之，竞以轻捷……击太平鼓无昏晓，跳百索无稚壮……小儿共以绳系一儿腰，牵马，相距寻丈，迭于无意中，拳之以去，曰打鬼……又绳以为城，二儿帕蒙以摸，一儿执敲城中。辄敲一声，而辄易其地以误之，为摸者得，则蒙执敲儿，曰摸虾儿。"正月正值新春佳节，人们有较多的空闲时间来从事娱乐活动，因此正月间的游戏也特别多。这些游戏形式大都十分热闹有趣。如玩抓子游戏时一手抓五丸，以一丸上掷，等其未落的时候，要抓起桌上的一丸或数丸，或将它们互叠在一起。也有的是边掷、边拾、边接，连续不断。这种游戏颇受妇女们的欢迎。

跳百索也就是跳绳，多为儿童们所喜爱。玩时用一根丈把长的大绳，由两人各执一头，挥臂摆动大绳，其他人则一一跳到摆动的绳中，并用单脚或双脚反复跳动，使脚不被绳索绊住。谁跳的时间最长，谁便算赢。明沈榜《宛署杂记》云："至十六日……儿以一绳长丈许，两儿对牵，飞摆不定，令难凝视，似百索然，其实一也。群儿乘其动时，轮跳其上，以能过者为胜，否则为索所绊，听掌绳者绳击为罚，名曰跳百索。"

摸虾儿又叫"摸瞎""摸瞎鱼""藏蒙"，也是儿童们玩的一种游戏活动。玩时用绳子围成一个大圈，其中两个人用手帕将眼睛蒙住，另一个人则手拿木鱼敲击，每击一次便换一个地方，使其不被蒙眼者捉住。一旦被抓住了，就要将击木鱼者的眼睛蒙住，由他来摸。这种游戏全凭游戏者的灵活机敏取胜，具有很强的趣味性，因此深得儿童们的喜爱。

"打鬼游戏"大多出现在正月，主要是与古代的驱傩活动有关。

前已谈及，古代到了腊月、正月之间，要进行驱鬼的活动，称为“驱傩”。驱傩时人们戴着面具，手中拿着武器，一个人则装扮成鬼的样子。人们在装鬼的人身上乱打一阵，然后将其驱赶到河里。这种活动与后来人们玩的“打鬼游戏”有着重要的联系。

这些游戏形式之所以出现在正月，与当时的气候条件和社会环境都有很大的关系。如由于正月天气寒冷，这些游戏大多活动性较强、消耗体力较大，游戏者通过这些活动便可促进血液循环，增加体内热量。

二月里常玩的游戏活动有打柭柭、抖空竹、抽陀螺等。《帝京景物略》卷二曰：“二月二日小儿以木二寸，制如枣核，置地而棒之，一击令起，随一击令远，以近为负，曰打柭柭，古所称击壤者耶。……空钟者，刳木中空，旁口荡以沥青，卓地如仰钟，而柄其上之平。别一绳绕其柄，别一竹尺有孔，度其绳而抵格空钟，绳勒右却，竹勒左却。一勒，空钟轰而疾转，大者声钟，小亦蛣蟟飞声，一钟声歇时乃已。制径寸至八九寸，其放之，一人至三人。陀螺者，木制，如小空钟，中实而无柄，绕以鞭之绳，而无尺。卓于地，急掣其鞭，一掣陀螺则转，无声也，视其缓而鞭之，转转无复往。转之疾，正如卓立地上，顶光旋旋，影不动也。”①

“打柭柭”也叫“打尜”，是一种从远古时代的击壤演变而来的游戏活动，其戏具系硬木棒削成，直径约 2.5 厘米，另有击柭木板一条，长约 70—80 厘米。玩时将柭柭平放在地上，用木板轻击柭尖，使其从地面上跃起，击者立即跟进，再将悬空的柭柭击向远方，

① 余祖坤：《历代文话续编》，凤凰出版社，2013 年版，第 1278 页。

附畫
新年之
運動器

澤日氏題

"空竹"也叫"扯铃""地龙""地黄牛",玩耍时将线绳绕于空竹中部,并迅速拉动线绳,使空竹急速旋转并发出"嗡嗡"的声音。

以击中并距离远者为胜。

"空钟"就是空竹,又称"扯铃""响簧""地龙""地黄牛"等,是一种由竹、木制成的玩具。玩时游戏者双手各持一根小棍,两棍用棉线绳相连,将空竹绕于绳上并拉动线绳,空竹便会旋转并发出嗡嗡之声。

抽陀螺也叫"鞭陀螺""打猴"。陀螺是一种圆锥形的木制玩具,玩时用绳鞭在陀螺上环绕数圈,然后迅速抽开绳鞭,使陀螺在地上

图为儿童们在玩打
泥钱游戏。

急速旋转。每隔一定时间用绳鞭向陀螺抽打数次，使其一直保持旋转状态而不至于倒下。

这些游戏活动所以大都是在二月进行，主要也是与当时的气候条件有关。二月的天气渐趋暖和，花卉草木开始恢复生机，孕蕾抽芽，男女老少也逐渐开始脱掉冬装，并经常要到室外去舒展舒展身体，活络活络筋骨。于是主要是在室外进行的抽陀螺、抖空竹、打柭柭之类的游戏活动，便在此时广泛开展起来。古代歌谣云："杨柳活，抽陀螺，杨柳青，放空钟，杨柳死，踢毽子，杨柳发芽儿，打柭儿。"它很有代表性地唱出了这些游戏活动与季节气候、自然环境以及人的生活规律之间的密切对应关系。

每年三月，北京地区的儿童们经常要玩一种有趣的游戏活动，叫作"打泥钱"。《帝京景物略·春场》云："（三月）小儿以钱泥夹穿而干之，剔钱，泥片片钱状，字幕备具，曰泥钱。画为方城，儿置一泥钱城中，曰卵，儿拈一泥钱远掷之，曰撇。出城则负，中则胜，不中而指权相及，亦胜。指不及而犹城中，则撇者为卯。其胜负也以泥钱"。这种游戏活动也是在室外进行的。农历三月之时，人们到户外去活动的次数更为频繁，特别是对那些好动的孩子们来说更是如此。因此，在室外玩打泥钱等游戏，便成了春季儿童游戏中一种十分常见的形式。

七月至九月之时，秋风渐起，天气转凉，这时候人们常玩的游戏活动是斗蟋蟀和斗鹌鹑。蟋蟀是秋天生长的昆虫，其好斗的习性也主要出现在秋季，因此斗蟋蟀游戏一般都是在秋季进行的。《燕京岁时记》云："虫鸟之鸣，最关时令。而人力所至亦能与时令相转移，是亦有关时令矣……七月中旬则有蛐蛐儿，贵者可值数金……以其能战斗也。"《帝京景物略·春场》亦云："（七月）始斗促织，壮夫士人亦为之。斗有场，场有主者。其养之又有师。斗盆筒罐，无家不贮焉。"可见农历七月斗蟋蟀的活动，在明清时期的北京一带是非常盛行的。斗鹌鹑的时间比斗蟋蟀略晚，大致在农历九

清代蟋蟀馆中秋斗蟋蟀情景。

宋人画册中的小儿
斗蟋蟀图。一儿两
手扬起，用草引逗
罐中蟋蟀，另一儿
则将管置于地下，
驱动蟋蟀斗咬。还
有一儿趴于地上凝
神观望。

一群儿童一起参加
斗蟋蟀，场面分外
忙乱热闹。除了两
人已经正式投入比
赛外，还有几个人
端着蟋蟀盆站在一
旁等待上场，形象
十分逼真。

月时进行。《帝京岁时纪胜》云：（九月）"膏粱子弟，好斗鹌鹑，千金角胜。"[①] 在南方地区，斗蟋蟀、斗鹌鹑的游戏也十分盛行，只是时间上要稍晚于北方，如江南苏州、上海等地的斗鹌鹑游戏，一般都是在秋末冬初进行的。光绪年间《川沙厅志》云："每于秋末冬初斗鹌鹑，曰'冬兴'。"这是南方与北方的气候条件有所差异，动物生长特点和生活习性有所不同所造成的。

十月以后，进入冬季时令，北方地区的天气尤为寒冷，此时当地的人们也有许多时令性游戏活动。以北方的儿童游戏为例，其主要的形式有放风筝、踢毽子、掷贝石、踢石球等。《燕京岁时记》云："儿童玩好亦有关于时令。京师十月以后，则有风筝、毽儿等物。风筝即纸鸢，缚竹为骨，以纸糊之，制成仙鹤、孔雀、沙雁、飞虎之类，绘画极工。儿童放之空中，最能清目。有带风琴锣鼓者，更抑扬可听，故谓之风筝也。毽儿者，垫以皮钱，衬以铜钱，束以雕翎，缚以皮带，儿童踢弄之，足以活血御寒。""十月以后，寒贱之子，琢石为球，以足蹴之，前后交击为胜。盖京师多寒，足指酸冻，儿童踢弄之，足以活血御寒，亦蹴鞠之类也。"作者在这里多次指出，这些游戏都是为了活血御寒而进行的。它们的产生，与冬令时节中的气候条件有着很大的关系。

到了十一、十二月之时，北方已经进入寒冬，地面开裂，滴水成冰。此时北京城中的一项十分盛行的时令性游戏活动是"冰上蹴鞠"。冰上蹴鞠也就是在冰上踢足球，这种游戏大致起源于清代乾隆年间。游戏时人们分成数队，每队各有统领，各自分位而立。将

---

① 钱仲联：《清诗纪事》，凤凰出版社，2004 年版，第 925 页。

张为邦、姚为瀚《冰嬉图》（局部）［故宫博物院藏（清代）］

"冰嬉"是清代皇宫中盛行的一种体育游戏活动，类似于现代的溜冰。图为清代宫廷中冰嬉表演的场景，规模极为宏大壮观。

球抛掷到空中后，各队人马便开始抢球。一方将球抢到后，另一方则竭力用脚将球踢开，使得对方不得不再去拼抢。这种游戏都是在结成厚冰的河中进行的，难度很大，趣味性也很强。清代每到冬令，北京城中的什刹海、护城河结成厚冰，市民们便聚集在那里你争我夺，翻跌滚爬，呈现了一派十分热闹、有趣的景象。清代宝竹坡有《冰嬉》诗云："朔风卷地河水凝，新冰一片如砥平。何人冒寒作冰戏，炼铁贯韦当膝行。铁若剑脊冰若镜，以履踏剑磨镜行。其直如矢矢逊疾，剑脊镜面刮有声。"诗中表现的就是这种冰上游戏时的热烈场面。

以上这些形式纷繁的游戏活动，十分具体地展现了中国古代游戏的时令性特点和季节性风貌，足以说明中国古代游戏与时令季节之间的密切关系。

张为邦、姚为瀚《冰嬉图》（局部）［故宫博物院藏（清代）］

二　清明荡秋千，端午斗百草：应节性游戏

　　应节性游戏是指那些在一定的节日中经常地、较为集中地出现的游戏活动。中国古代节日甚多，它们主要是由于天文历法、农业生产和宗教祭祀等方面的原因而产生的。早在原始时代，中国的先民们就懂得了一定的历法知识，如代表新石器时代的仰韶文化遗址中出土的器具上所刻的太阳纹，共有十二道光芒，说明当时的人们已有一年十二个月的观念。在《尚书·尧典》中，已有了"四仲中星"，即春分、夏至、秋分、冬至四节气的划分。到了战国时期，人们又根据太阳在黄道上的位置，将一年划分为二十四节气。这些历法的制定，为我国古代节日的产生和发展奠定了重要的基础。

节日的产生与农业生产的特点也有很大的关系。农作物的生长有着鲜明的季节性，因此农业生产的规律也呈现了鲜明的时间性特点，在不同的时间从事不同的生产劳动，这是农业生产上的一个最基本的特点。为了合理地安排农业生产劳动的时间程序，人们从一年的时间中规定出一些特定的日期，以此来作为划分时间程序的界线，这些特定的日期以后便逐渐发展成为节日。还有一些节日是由于宗教信仰方面的原因而产生的。宗教是古代人社会生活中的大事，它渗透到古代人社会生活的各个领域。当时的人们为了祈求神灵的保佑，经常要规定一些固定的时间来举行各种祭祀活动，久而久之，这些固定的宗教祭祀之日也逐渐成了一些重要的节日。

随着社会历史的发展，中国古代的节日逐渐增多，其中比较重要的有元宵、上巳、寒食、清明、端午、七夕、中元、中秋、重阳、冬至、腊八等。这些节日本来都具有较为严肃的生产性或宗教性意义，但是到了后来，随着生产力的不断解放和科学文化水平的不断提高，它们都有向娱乐性意义转化的趋向。每逢这些节日，人们一方面要郑重其事地举行各种祭祀、祈禳之类的宗教活动，另一方面则要举行各种游乐性的活动来表示纪念和庆祝，于是便出现了如元宵观灯、端午赛龙舟、七夕乞巧、中秋赏月、重阳登高等各种娱乐活动。大量的游戏活动，也正是迎合了中国古代节日的这种娱乐性的需要而纷纷进入了节日活动之中。虽然在平常的日子里人们也经常进行游戏，但从其数量、规模，以及形式的丰富程度而言，都完全不能与节日中进行的游戏相比。节日是游戏活动最为集中，游戏形式最为丰富，游戏规模最为盛大的时日，届时全国城乡中不分男女老少，不分良贱贫富，无不兴致勃勃地加入各种游戏活动的队伍之中，尤其是妇女、儿童们的游戏活动开展得最为热闹和频繁。

在一年中，第一个游戏活动较为集中的节日是元宵节。元宵节亦称"上元""元夕"，时为正月十五。从时间上看，元宵节是一年中第一个月圆的日子，从宗教上看，元宵节是一个祭祀太一神和天官赐福的重要节日，从文化娱乐上看，元宵节是一个张灯结彩，万家灯火的热闹盛会，因此元宵节中的游戏活动特别多。届时不论皇族权贵，还是平民百姓，都要进行各种各样的游戏娱乐活动。隋唐时期，元宵节中较为多见的游戏形式有角抵、拔河等。《隋书》中曾经记载一位侍郎上书中说："或见近代以来，都邑百姓每至正月十五日，作角抵戏，递相夸竞，至于糜费财力。"[①]《封氏闻见录》记载："拔河，古谓之牵钩，襄、汉风俗，常以正月望日为之。"[②]到了明清以后，元宵节中的游戏活动更是非常丰富。据《帝京岁时纪胜》云："元宵杂戏……博戏则骑竹马，扑蝴蝶，跳百索，藏蒙儿，舞龙灯，打花棍……闲常之戏则脱泥钱，踢石球，鞭陀罗，放空钟，弹拐子，滚核桃，打柔柔，踢毽子。"这些活动中除了骑竹马、扑蝴蝶、舞龙灯、打花棍等几种带有较为明显的表演色彩，属于文艺表演性的活动外，其他都是游戏类的活动。

元宵节中还有一项十分盛行的传统游戏，就是猜灯谜。元宵灯谜起源于宋仁宗时。当时的统治者为了点缀升平，在元宵节时大张灯火，纵民观灯，皇帝自己也经常出宫观灯，号称与民同乐。一些

① ［唐］李延寿：《北史》，中华书局，1974 年版，第 2622 页。

② ［唐］封演：《封氏闻见记校注》，中华书局，2005 年版，第 54 页。

文人学士为了显示才学，装点风雅，便常在元宵花灯之夜将谜语贴在灯彩上供人猜射，吸引过往行人，于是便形成了元宵节猜灯谜之俗。以后每逢元宵佳节，人们便纷纷走上街头，一边观灯，一边猜谜，呈现出一派热闹欢腾的节日景象。《嘉定县志》云："正月十五为上元节，先数日卖灯，谓之灯市……好事者或为藏头诗句悬杂物于几，任人商揣，曰灯谜。"反映的是清代嘉定一带民间在元宵节时张灯结彩、猜玩灯谜时的盛况。京城中的元宵灯谜游戏更是热闹非凡。清人赵骏烈《燕城灯市竹枝词》云："灯谜巧幻胜天工，不惜奇珍与酒红，多少才

春节期间儿童们玩的升官图。图中有八仙、十二生肖等各种吉祥图案。

45

人争夺彩，夸长竞短走胡同。"《增补都门杂咏·打灯虎》云："几处商灯挂粉墙，人人痴立暗思量。秀才风味真堪笑，赠彩无非纸半张。"描写了元宵节时京都人为了猜灯谜而你争我夺、如醉如痴的生动景象。

清明、寒食二节，也是我国古代游戏活动十分集中的时日。清明本是二十四节气之一，《淮南子·天文训》云："春分后十五日，斗指乙，为清明。""言风生万物，皆清洁明净，故谓之清明"。^①从唐代起，清明与寒食开始合二为一。寒食略早于清明，其起源与春秋时期的晋国大臣介子推有关。据说介子推为保护晋国公子重耳立过大功，后来隐居深山。重耳请他出山当官，遭到拒绝，重耳只得放火烧山，试图以此法来逼介子推服从。不料却将介子推烧死在山上。此事发生在三月间，以后人们为了纪念介子推，便在三月里禁火一个月。这个月里餐饭全吃冷食，故称为"寒食"。后来寒食的时间越来越短，由一个月改为 7 天，后又改为 3 天，最后定为 1 天。这个日子比清明节只早一两天，因此寒食节中的很多活动后来便逐渐与清明节融合在了一起。

清明、寒食节时天气已经转暖，人们在此时多爱到户外去活动筋骨，领略春意，因此清明、寒食节时有大量的室外游戏。再加上寒食节中多以冷餐为食，为了防止冷食伤身，人们便经常要开展一些如荡秋千、踏鞠、拔河、放风筝、打马球等的游戏活动，以此锻炼身体，增加热量。

古代清明、寒食节中最为盛行的一项游戏活动是荡秋千。荡秋千之戏在南朝时期已由北方传入南方，宗懔《荆楚岁时记》载："春时悬长绳于高木，士女袨服，坐立其上，推引之，名秋千。"^②但是

① ［唐］杜佑：《通典》，中华书局，1988 年版，第 3636 页。
② ［梁］宗懔：《荆楚岁时记》，中华书局，2018 年版，第 17 页。

当时的荡秋千之戏似乎还看不出与清明、寒食之间有什么关系。到了唐代，荡秋千已经成了清明、寒食节中的一项十分盛行的习俗，这在许多古代的笔记和诗文中都有记载。如《开元天宝遗事》云："天宝宫中至寒食节，竞竖秋千，令宫嫔辈戏笑以为宴乐，帝呼为半仙之戏，都中士民因而呼之。"[①] 这里已明确指出荡秋千游戏是在寒食节时举行的，书中还记载了宫女们在寒食节荡秋千时的具体活动情况，她们身穿彩衣绣裙，登上秋千架后，上下凌空翻飞，体态轻盈优美，简直像是天上的仙子飘飘而降。唐玄宗看得入迷，因而称其为"半仙之戏"。

陈枚《月曼清游图册》（局部）［故宫博物院藏(清代)］杨柳吐芽，桃花盛开的春季，是妇女们荡秋千的佳辰良机，图中一名妇女站在高高的秋千架上轻轻摆荡，神态十分自然，一群女子则在一旁观赏赞叹。

---

① ［五代］王仁裕：《开元天宝遗事》，中华书局，2006年版，第41页。

除了宫廷以外，唐代时期民间百姓中也经常在清明、寒食节时进行荡秋千游戏。与皇廷相比，民间的节日游戏活动规模更大，参加的人数更多，场面也更为热闹。唐代杜甫《清明二首》诗云："十年蹴鞠将雏远，万里秋千风俗同。"当时的杜甫被贬离开朝廷，并在蜀地和湖湘一带漂泊了十年之久。在这些年中，每遇清明节，诗人便会见到处处都有人在攀援秋千，荡摆取乐，于是才有"万里秋千风俗同"的感叹。唐代诗人韦庄在《丙辰年鄜州遇寒食城外醉吟五首》中也有相似的描写："满街杨柳绿烟丝，画出清明二月天。好是隔帘花树动，女郎缭乱送秋千。"可见唐代时期清明、寒食节荡秋千的风俗是非常普遍的。

唐代以后，清明、寒食节中荡秋千的游戏活动仍然非常盛行，王禹偁《寒食》诗云："稚子就花拈蛱蝶，人家依树系秋千。"这是描写宋代时人们寒食荡秋千的情景。小说《金瓶梅》中有关吴月娘、孟玉楼、李瓶儿、潘金莲等打秋千的描写，则是对明代时期清明、寒食荡秋千风俗的反映。当时人们所玩的秋千种类已有很多，如单秋千、双秋千、转轮秋千等。《寿光县志》中曾记载了一种转轮秋千的玩法："寒食、清明二日……人家植双木于院落，高数丈，缚车轮于木杪，而垂屈板于周遭，有多至三十索者，横巨木于下，以人力推转。妇女靓妆盘旋，空中飞红扬紫，翩若舞蝶。"这种荡秋千法要求游戏者有高超的技艺和过人的胆量。

蹴鞠也是古人在清明、寒食节中常玩的一种游戏活动。唐代诗人仲无颜《气球赋》云："寒食景妍，交争竞逐，驰突喧闹，或略地以丸走，乍凌空似月圆。"王维的《寒食城东即事》云："蹴鞠屡过飞鸟上，秋千竞出垂杨里。"韦庄的《丙辰年鄜州遇寒食城外醉吟五首》云："永日迢迢无一事，隔街闻筑气球声。"从上述诗咏中可以看出，蹴鞠之戏在唐代时已经成为一种与清明、寒食节密切结合的时令性游戏活动。清明、寒食已是寒尽春来之时，蹴鞠活动因此而广泛盛行起来。人们在球场上纵情地奔跑追逐，一会儿长距离疾驰，一会儿又骤然突破，竞争十分激烈。

唐代的妇女们也爱在清明、寒食节时玩蹴鞠游戏，特别是那些长期住在寂寞的宫中，生活十分无聊的嫔妃宫女们。王建《宫词》诗云："殿前铺设两边楼，寒食宫人步打球"；"寒食内人长白打，库中先散与金钱。"韦庄《长安清明》诗云："内宫初赐清明火，上相闲分白打钱。"这些都是描写皇廷中宫女们于清明、寒食之日蹴鞠玩乐并得到赏钱的情景。清明、寒食时吃的大多是冷食，妇女们体质又较为柔弱，故经常要在此时进行一些球类游戏活动，以增加体内热量，散发郁积压抑之气。

清明、寒食节中还有一项重要的游戏活动是斗鸡。斗鸡早在先秦时期就已在皇室贵族和下层平民中广泛盛行，但是那时的斗鸡不一定是在清明节。到了唐代，斗鸡开始成为清明、寒食节中一项重要的风俗活动。唐太宗时，诗人杜淹写了一首《吟寒食斗鸡应秦王教》的诗，描写的就是寒食节时宫廷斗鸡的情景，其诗云："寒食东郊道，扬鞲竞出笼。花冠初照日，芥羽正生风。顾敌知心勇，先鸣觉气雄。长翅频扫阵，利爪屡通中。飞毛遍绿野，洒血渍芳丛。虽然百战胜，会自不论功。"到了唐玄宗时，清明、寒食斗鸡之风更为盛行，唐玄宗本人就十分爱好在清明节斗鸡。据《东城老父传》记载，"玄

宗在藩邸时，乐民间清明节斗鸡戏。"①受他的影响，唐代不论良贱贫富都喜好在清明节斗鸡，以至斗鸡游戏成为唐代时期一种十分时髦的时令性风尚。

为什么斗鸡一般都要在清明、寒食节时进行呢？这与鸡的生活规律有很大的关系。众所周知，家鸡原是由野鸡变来的。根据野鸡的习性，在清明节时期，是它们交尾的季节，此时鸡群解散，形成一公一母的偶居，对其他异性则有着明显的排他性。一座山上只能有一只公鸡王，而不准其他公鸡存在。如果有其他公鸡出现，它就会跑上前去讨伐，与其他的公鸡拼

杜堇《仕女图》（局部）［上海博物馆藏（明代）］
图中两位仕女正在玩"对踢"游戏，另外几位仕女则在一旁观看议论。

① ［宋］李昉：《太平广记》，中华书局，1961年版，第3992页。

清明斗鸡图。

命地争斗起来。后来的斗鸡之戏，便正是根据野鸡的这种生活习性和生活规律而制成的。

除了荡秋千、蹴鞠、斗鸡等游戏外，清明、寒食节时还盛行拔河、放风筝、抛堶、斗鸡蛋等游戏，尤其是斗鸡蛋游戏非常有趣。《玉烛宝典》曰："寒食节，城市尤多斗鸡卵之戏。"[1]说明这种节令性游戏由来已久。较早的斗鸡蛋是一种

① ［宋］陈元靓：《岁时广记》，中华书局，2020年版，第302页。

在鸡蛋上雕出花纹，或画上颜色，以比较谁的技艺高明的游戏活动，但到后来则演变成将鸡蛋煮熟，各人手中执一枚，然后互相撞击，看谁的鸡蛋先碎。这两种游戏一文一武，颇似斗草之戏，它们都是很有特色的节令性游戏。

中国古代在端午节那天，也有大量的游戏活动。端午又名"端阳""重五"，从时令上看，五月五日是夏至刚过的盛夏之时。周处《风土记》曰："仲夏端午烹鹜角黍。"注云："端，始也，谓五月初五。"①前已说明，端午节因为处于五月盛夏之时，病虫灾害十分多见，因此端午节中的活动大都跟辟邪驱恶有关，如采草药、煎汤药、采菖蒲、喝雄黄酒等，而端午节中的许多游戏活动，也与除毒辟邪有关。

端午节中一项重要的游戏活动是斗百草，这项习俗大概在南朝时已经形成。《荆楚岁时记》曰："四民并踏百草，今人又有斗百草之戏。"②到了唐宋时期，端午斗百草之戏非常盛行，当时的唐王朝中，还发生了一个乐安公主因端午斗草而剪去庙中神像胡须的故事。据刘餗《隋唐嘉话》记载，晋代的谢灵运长着一把非常漂亮的胡须，他犯了罪将被处斩，临刑时要人将其胡须剪下送到南海祇洹寺中，装在维摩诘像的下巴上。寺人对这把胡子非常爱护，过了许多年后仍无一点亏损。到了唐中宗时，安乐公主在一次端午节斗草之时，为了要使她的斗草品种更为丰富，便命下属飞马前往该寺中取谢灵运的胡须。她还担心有人再从那里得到胡须而战胜她，于是便派人将剩余的胡须也全部剪掉。这是一个十分有趣的唐代端午斗草故事。

---

① ［唐］徐坚：《初学记》，中华书局，2004年版，第73页。
② ［唐］徐坚：《初学记》，中华书局，2004年版，第74页。

春节期间儿童们玩的升官图。图中有八仙、十二生肖等各种吉祥图案。

斗草游戏之所以多在端午节时进行，与这种游戏最初产生时的禳灾意义有关。斗草本是一种采集草药，煎汤沐浴以驱邪的宗教信仰习俗，主要用于蛇虫多见，瘟疫多发的五月，于是斗草游戏与五月端午之间也就形成了一种时间上的对应关系。

辽、金时期，端午节时盛行的是射柳、击毬等游戏活动。我国北方季候较南方晚，花草品种也比南方少，同时，对强悍的游牧民族来说，斗百草之类的游戏也过于纤巧温柔，因此到了端午节时，这些民族大多不喜斗草，而是较为盛行具有习武特色的射柳、击毬等游戏。据《金史·世宗本纪》记载，大定三年（1163）端午，金世宗"幸广乐园射柳，命皇太子、亲王、百官皆射，胜者赐物有差，上复御常武殿，赐宴击球，自是岁以为常。"①端午射柳、击毬的习俗，对于明清时期的人们也产生了重要的影响，明王英有《端午日赐观射柳》诗云："仗前新筑麒麟苑，云外遥闻虎豹围。先看圣孙来试马，指挥兵阵合天机。"王直的《端午日观打毬射柳应制》亦云："玉勒千金马，雕文七宝球。鞚飞惊电掣，杖奋觉星流。歘过成三捷，欢传第一筹。庆云随逸足，缭绕殿东头。"这些诗句都十分生动形象地描绘了明人在端午节射柳、击毬时的具体情景。明人的端午射柳活动还经常翻出一些新花样。如永乐时，"禁中有剪柳之戏，剪柳，即射柳也，陈眉公云，胡人以鹁鸽藏葫芦中，悬之柳上，射之，射中葫芦，鸽辄飞去，以飞之高下为胜负，往往会于清明端午日，名曰射柳。"②这种游戏方式的确非常新奇有趣，然考其渊源，则仍是辽、金时期的遗俗。

对于从边地入主中原的清朝来说，端午射柳、击毬也是他们的风俗。据《帝京岁时纪胜》等书的记载，清代时每逢端午节那天，人们便要到外面去尽情游玩。中午吃过宴席以后，便在天坛长垣之下走马射柳，游戏取乐，故清人有"毬场射柳马如飞"的诗咏。打马球也是清代端午节中一项流行的游戏活动，清代的不少诗作，对此也有许多具体的描绘。

---

① ［元］脱脱：《金史》，中华书局，1975年版，第131页。
② ［清］刘献廷：《广阳杂记》，中华书局，1957年版，第25页。

　　端午节中最为盛行、最有影响的游戏活动是赛龙舟，也叫"龙舟竞渡"。赛龙舟最早是古越族人的一种宗教祭祀活动，祭祀的对象是水神和龙神。为了祭祀这些神灵，当地人们划着舟船将米饭等食品投入水中，以表虔诚的敬神之意。后来，这种风俗又与祭祀屈原的活动结合为一体。《荆楚岁时记》云："按五月五日竞渡，俗传为屈原投汨罗日，人伤其死所，并命舟楫以拯之，至今为俗。"①南北朝时，这种原本出于祭祀目的的宗教习俗中已经出现了"竞渡"的内容。每到端午节，人们拜祭过屈原庙后，便开始百船齐发，"水军""水马"等龙舟飞速争先，两岸观者则欢呼呐喊，场面非常热闹。到了唐宋时期，端午赛龙舟的活动达到了鼎盛，此时的赛龙舟已经完全褪去了原始的宗教祭祀色彩，变成为一种纯粹是为了快乐、有趣而举行的群众性游戏活动。唐诗《岳州观竞渡》中描绘端午赛龙舟时的景象是："画作飞凫艇，双双竞拂流。低装山色变，急棹水华浮。土尚三闾俗，江传二女游。齐歌迎孟姥，独舞送阳侯。鼓发南湖槎，标争西驿楼。"竞渡之时，箫管齐奏，船歌高扬，水声、桨声、歌声、乐声、号令声、喧叫声混成一片，形成一曲壮阔的交响乐。两岸的观众们也无不穿着盛装，呐喊助威，欢声笑语随处可见。

　　我国古代的其他一些传统节日，如七夕、中秋、重阳、冬至、除夕等，也有很多的应节性游戏活动，它们大都是适应着这些节日中的某些方面的特点而产生的。如农历九月九日，是我国传统的重阳节，此时正值秋高气爽，是进行各种秋季娱乐活动的大好

---

① ［宋］陈元靓：《岁时广记》，中华书局，2020 年版，第 417 页。

日子。《西京杂记》云："每三月上巳、九月重阳，士女游戏，就此祓禊登高。"①因此，重阳节中的游戏形式也非常多，主要的有围猎、射柳、放风筝等。又如农历冬至时，节气已是冬令，又为农闲之时，故人们多喜爱玩冰上或雪上游戏，如堆雪狮、雪人、雪山、雪灯、打滑挞、打雪仗、冰嬉、爬犁等。

除夕是中国农历中最后的一天，又称年三十、除夜、岁除，这是中国传统节日中最隆重的节日。这一天的晚上人们要通宵守夜，游戏活动也特别多。由于是夜晚，因此除夕游戏多在室内进行，主要形式有掷骰子、打麻将、推牌九、掷升官图、打陀螺、下围棋、下象棋、玩叶子牌、打双陆、葫芦问等。藏钩之戏也是除夕晚上十

除夕是中国传统的节日，也是宴饮娱乐的大好时机。此日人们有下围棋、下象棋、玩叶子牌，打麻将等诸多游戏活动。图为晚清时期除夕夜富家子弟们弈棋作乐的情景。

① 韦述：《西京新记辑校》，中华书局，2020年版，第77页。

548

元代贵族除夕打双陆图。图中两位打双陆者身着官服，相对坐于榻上，一副很大的双陆博局放于坐榻中间，旁边案桌上还摆放着酒菜。

春节期间成人玩的葫芦问。形式与"升官图""仙选图"类似，以各种文武官职名称作为博戏胜负的依据，越往中间官职越大，级别越高。

分常见的游戏活动。家中的男女老少分为两组，一方将一个钩子，或者戒指、扳指、顶针藏起来，另一方则去寻找这些玩物，以找到为胜，象征新年如意。

中国古代传统节日中游戏活动非常集中、丰富的现象，是由节日本身的一些特殊性质所决定的。古代普通民众在一年之中很少有空闲玩乐的机会，他们整日忙碌于劳动生产和操持家务，难以顾及文化娱乐方面的需要，唯有节日是一个例外。

节日是古代人们社会生活中一个十分难得的休闲之日，在节日里人们可以调整一下紧张的生活节奏，放松一下绷紧的精神情绪，因此游戏娱乐活动就特别多。节日又是中国古人一个不可多得的宽松、自由之日。在长期的封建社会里，由于中央集权制的严格控制，人们的思想、行为都受到很大的约束，很少能有自由放纵的机会。只有在节日中，统治阶层对于人们思想行为上的控制才略有放松，人们的行动才有了一定的自由度，因此各种文化娱乐活动形式便会在节日里大量涌现出来。如唐代京城中平时实行宵禁，由执金吾执勤巡视，不得随便走动，但是到了元宵节时，统治者却破例地取消了宵禁制度，允许人们自由自在地观灯赏灯。节日的这种比较自由、宽松的环境，为各种游戏活动的出现创造了良好的条件，即使是一些具有一定赌博性质的游戏活动，如掷骰子，搓麻将等，在节日中也常常不受禁止，成为节日中非常盛行的一些娱乐活动形式。

三 热闹的游戏节

　　中国古代游戏活动中还有一种颇具时令性特色的形式——游戏节。所谓游戏节，是指为了开展某种游戏活动而专门设立的一个特定的时日，这种节日一般都是为那些规模较大，参加人数较多的大型游戏活动而设立的。届时人们要纠集各路游戏队伍，到规定的场所进行集中的比赛。游戏者要拿出平时训练的各种看家本领，在游戏场上你争我夺，决一胜负。这一天前来观看的群众也特别多，他们来到游戏场所，一方面是观赏游戏者们的精彩表演；另一方面也是借此机会来寻找一些其他的乐趣，如吃小食、坐茶馆、逛街、购物等。因此到了游戏节这一天，场外的街上往往都特别热闹，琳琅满目的商品摆满了柜台，五花八门的摊位比比皆是，令人眼花缭乱，目不暇接。游戏节的安排和筹划常常还有专门的组织，它们负责整理游戏场地，设置游戏器具，安排游戏程序等工作。

　　明清时期金华地区十分盛行的斗牛会，便是一种典型的游戏节形式。清人陈其元《庸闲斋笔记》中记载，金华地区的斗牛会，一般都被安排在春、秋两季中的某个固定日子中进行。斗牛前数日，主家便要邀请各方来客饮酒聚会，以表诚心。到了斗牛会开始那天，千万名群众涌向赛场，把道路挤得水泄不通。斗场设在水田中，方圆四五百亩，田塍旁皆搭台置桌椅，以供本村男女老少及外村来客观赏。这时很多做饼饵的、卖瓜果的、装水烟的等小生意之人也夹在人群之中，你挤我拥，热闹非凡。斗牛出场时，前面有人敲着大锣大鼓，后面跟着数十个护卫。牛头上插着金花，牛身上披着红绸。到了田间后，斗牛的两家各派四个身强力壮的汉子站在牛的两旁，以作保护。二牛互相注视一会，便开始以角相抵，各展技巧。三五回合后，两家便将牛拉开，各牵牛回去。得胜者还要大摆酒席以示庆祝。

居住在贵州从江、黎平地区的侗族，也有类似的斗牛节活动，时间是在农历二月和八月的亥日。斗牛节开始之前，后生们便要吹着芦笙到外村去约请斗牛的对手，称为"送约"。在参战的水牛前，人们还要吹奏芦笙，鸣放铁炮，喝酒祭天。节日凌晨，鸣炮三声后，水牛在锣鼓、芦笙的音乐声中，被前呼后拥地牵向斗牛场。中午时，一支支斗牛队伍入场巡回三周以示其威。为首的是一个身着亮布衣服的人，他扮作罗汉，手执马牌开道，接着是手拿金瓜、斧钺的前卫队，后跟锣鼓手和芦笙队。牛头罩着红缎子，背置"双龙抢宝"的彩色牛王塔，胸前挂着串串银铃。绕场毕，开始斗牛。经过激烈的争斗，得胜之牛披上红布，再次入场示威，其主人则放鞭炮祝贺。输方要设宴款待胜方，并陪唱大歌，送旌旗彩礼。

云南白族的"秋千节"、西藏藏族的"赛牦牛节"等，也都是一些颇有特色的游戏节形式。云南白族举办"秋千节"的时间是从每年农历腊月二十八日起，为期一周。秋千节开始后，各路荡秋千好手纷纷登上秋千架，斗智斗勇，献技献艺；四村八寨的男女老少也都纷纷涌来观看，场面非常热闹。白族群众非常重视这个节日，认为在秋千节时打一回秋千，可以平安 365 天。藏族的"赛牦牛节"，大都定在每年的十一月二十五日举行。届时山南曲松所属的 4 个牧区，各选一头最健壮、善跑的牦牛，由御手骑着牦牛赛跑。比赛距离一般是 1 500 米左右。荣获第一名的，要把该区的大旗插在自己家里最高的屋顶上，以示荣耀。

综上可以看出，游戏节是一种专门定出某个具体的日期以举行某种游戏活动的节日，它一般都是为满足那些规模较大、人数较多的大型游戏活动的需要而产生的。由于大型游戏活

佚名《斗牛图》[云南省博物馆藏（明代）]
图中两牛激烈相争，旁边则有许多人在吹奏踏歌，反映了当时边疆地区民间游乐生活的图景。

动事先需要经过较长时间的准备，如预先通知必须参加的人员，游戏的形式和程序必须经过精心的安排，游戏所用的动物必须经过长时期的训练、调教等，因此这类游戏活动必须早在活动进行之前就确定日期，久而久之，这些日期便成了固定的游戏节日。

从皇帝到平民：世人皆有所爱

　　游戏是由人创造的，因此在对中国古代的游戏史做比较宏观考察的时候，也必须十分重视游戏与中国古代社会中各种人物的关系问题。稍加注意即可发现，游戏对于古代社会中各种身份的人都具有强大的吸引力。不管是位极至尊的皇帝、权倾朝野的大臣，还是风流儒雅的学士、家财万贯的富绅，其中都有无数嗜好游戏、喜欢游戏之人，他们无不将游戏视为自己生涯中的一大乐趣，无不在游戏活动的玩乐中花费了大量的时间和精力。至于那些平民百姓、妇人孺子，对于游戏的兴趣就更加浓厚强烈了，游戏常常成为他们闲暇娱乐的主要方式，成为他们日常生活中不可缺少的一个重要组成部分。

　　当然，各种身份的人物由于地位、职务、年龄、性别、经济条件、兴趣爱好等方面不同，其游戏的风格和特点也会有很大的差异。皇帝玩的游戏一般总是气派宏大，铺张奢华；文人玩的游戏大都总是高雅精深，构思巧妙；妇女玩的游戏大都总是轻柔婉丽，缓慢舒徐；儿童玩的游戏大都总是天真烂漫，活泼有趣。各种人物在游戏时表现出来的心理和态度也常常有所不同。有些人是将游戏视作偶尔消遣之事，故玩起来态度并不认真；有些人是将游戏视作人生一搏，故玩起来便要倾注全部精力；有些人是想利用游戏来巴结皇帝，讨好上司；也有一些人是想利用游戏来宣明心迹，表现人品……总之，由于人们在游戏条件、游戏态度等方面的许多差异，具体的游戏方式和游戏风格也有很大的不同。

　　下面，我们就来看看中国古代各色人物的各种游戏方式。

一　斗鸡皇帝与蟋蟀宰相

　　皇帝是封建社会中的最高统治者，也是政治权力最大、生活享受最优的特殊人物。由于封建社会中的世袭制度，中国历代的许多皇帝不是依靠自己的才能取得皇位，而是依仗着祖宗的血统位极至尊，因此不少皇帝在政治上庸碌无能，在生活上则穷奢极侈、挥霍无度。一些皇帝成天迷恋声色、纵情歌舞，过着十分奢靡的生活，这就使得很多游戏活动与他们结下了不解之缘；还有一些皇帝虽然在治国理政方面有所作为，但是繁重的国事、政事时常使他们劳心伤神，忧郁愁闷，因此，他们也经常要参加一些游戏活动，借以排遣郁闷、驱除烦恼。历代皇帝之所以会对各种游戏活动感兴趣，与他们那种唯我独尊、争强好胜的心态也有很大的关系。中国历史上的多数皇帝都很自负，他们常常认为自己在各方面都应该高人一等，即使是玩游戏，也应该是最强者，没有人能够在游戏中与他们匹敌。因此，每遇游戏活动，皇帝们便会积极参加，企图以此来证明自己的权威和能力。

　　中国历史上曾有很多嗜好游戏的皇帝，他们尽管游戏目的不尽相同，游戏的方式也并不一致，但是他们对于游戏活动都表现出了浓厚的兴趣，对于游戏活动都倾注了大量的精力和物力。我国历史上一些以嗜好斗鸡闻名的皇帝，就是这方面的典型。

　　北齐幼主高恒在位仅一年就被灭国，毫无政绩可言，但是斗鸡却使他名垂史册。《北齐书·幼主纪》说他是"犬于马上设褥以抱之，斗鸡亦号开府，犬马鸡鹰，多食县干"。① 根据高恒的政策，斗鸡可以吃国家的俸禄、可以受封官爵，进行斗鸡时的方式就同选拔官吏一样。可见这位皇帝对于斗鸡活动迷恋到了何等程度。

但是齐幼主高恒的斗鸡嗜好如果与唐玄宗相比，又只能算是小巫见大巫了。唐玄宗是我国古代历史上最有名的"斗鸡皇帝"，他的斗鸡兴趣之大，斗鸡影响之深，使其他皇帝无一能与其相比。早在未当皇帝时，唐玄宗就爱上了斗鸡游戏。即位以后，唐玄宗在宫中建起了皇家鸡坊，从全国各地搜集了羽毛美丽的雄鸡上千只，养于鸡坊之中。他还选派了六军小儿 500 人，专司驯养训练。每到清明节、千秋节或大酺宴乐之时，便要在大庭广众前展示斗鸡。此时乐队高奏乐曲，后宫粉黛皆随玄宗出现。斗鸡时还有一套专门的制度，群鸡由斗鸡首领贾昌指挥，开斗时列队上场，斗完下场时也要按顺序退回。其组织之细密，技艺之娴熟，无不令人惊叹。

中国历史上不但有"斗鸡皇帝"，而且还有"斗蟋蟀皇帝"。据史料记载，明代的宣宗皇帝最爱斗蟋蟀，他曾经密诏苏州知府况钟向民间征集勇猛善斗的蟋蟀 1 000 只，以供他玩斗之用。当时的民谣云："促织瞿瞿叫，宣德皇帝要"，反映的就是这一社会现实。据说当初苏州府中的武弁还有以捕蟋蟀来充当军功，以得世袭官职的。

我国历史上的皇帝中，还有许多喜欢蹴鞠、打球、弹棋、围棋之人。汉成帝就是一个十分嗜好蹴鞠、打球的皇帝。他因为成天迷恋于蹴鞠游戏，以致朝中的群臣都担心他玩得过于劳累，因此刘向

---

① ［唐］李百药：《北齐书》，中华书局，1972 年版，第 133 页。

黄慎《蹴鞠图》［天津市历史博物馆藏（明代）］
图中宋太祖身着龙袍，正在与赵普争抢鞠球。

发明了弹棋来改变汉成帝的兴趣。想不到汉成帝看到弹棋后，又迷上了弹棋之戏。唐代，马球游戏十分盛行，自高宗李治开始，至昭宗李晔为止，其中有十多个皇帝都是马球爱好者，并且亲自参加过马球比赛。其中最出名的还是风流天子唐玄宗。据古籍记载，唐景云中，吐蕃遣使到唐朝迎金城公主，提出要与唐朝将士比赛打马球。唐中宗选了一些人与他们比赛，都败下阵来。当时玄宗还是临淄王，他与嗣虢王邕、驸马杨慎交、武秀等人携同斗吐蕃十多人。玄宗在场上"东西驱突，风回电激，所向无前"，吐蕃终于败下阵来，观看的将士都对玄宗大加称赞。玄宗即位以后，仍然对马球情有独钟，他每个月都有两三次要到雍和殿去，与诸王击鞠打球，游戏取乐。

唐宣宗的马球技术也非常高明，据《唐语林》记载："宣宗弧矢击鞠，皆尽其妙。所御马，衔勒之处，不加雕饰，而马尤矫捷；每持鞠杖，乘势奔跃，运鞠于空中，连击至数百，而马驰不止，迅若流电。二军老手，咸服其能。"① 唐僖宗则是一个步打的好手，他在一次与优臣石野猪的谈话时说："朕若步打进士，当得状元。"可见唐僖宗对自己的步打技术是非常得意的。

围棋作为一种高雅的游戏形式，也深得中国古代许多帝王们的喜爱。魏太祖曹操是我国历史上一位有名的政治家和军事家，但他也是一位优秀的棋艺家。据《三国志·太祖纪》中的记载，曹操的围棋造诣很深，他经常与当时著名的围棋手山子道、王九其、郭凯等人下棋较量，还经常请精通围棋的孔珪伴其左右。唐代的帝王中也有很多人喜欢下围棋。据《新唐书·李泌传》记载，唐玄宗十分喜爱下围棋，他还以棋为试题，来测验李泌的才思。安史之乱发生，玄宗避难于四川，身边还一直带着围棋国手王积薪，稍有空闲便与他比试棋艺。

中国历代的皇帝中还有许多对于具有一定赌博性质的各种博戏非常感兴趣，如六博、樗蒲、双陆、彩战等，由于它们都有财物上的输赢，富有较强的刺激性，因此深得许多帝王们的喜爱。例如，号称"汉代贤帝"的汉景帝刘启，在他当太子时就酷爱六博，甚至在六博时打死了吴王濞的儿子，由此引发了"七国之乱"。汉宣帝刘洵也极爱六博，他在年轻时因玩六博欠了不少债，无力偿还，后来当上皇帝，为了还清赌债，将债主陈遂提拔为太守。两晋南北朝时，宫廷中流行樗蒲，当时很多皇帝都迷上了这种游戏，如晋武帝司马炎、宋武帝刘裕、宋孝武帝刘骏、宋明帝刘彧，都喜好樗蒲。尤其是刘裕，堪称中国皇帝中有名的赌徒。他年轻时有一次输了钱又无法还账，

① ［宋］王谠：《唐语林》，大象出版社，2019年版，第149页。

被人毒打。唐代的皇帝中则有很多人喜爱双陆，唐太宗李世民、唐中宗李显，以及唐代女皇帝武则天等都是双陆好手。武则天玩双陆甚至到了如痴如醉的地步，以至于几次梦见自己玩双陆不成，还把宰相狄仁杰叫来释梦。她还对双陆进行了改造，取名为"九胜局"，命令文武大臣大赌为戏。

当然，中国古代的皇帝中也并非人人都爱好博戏，他们中间也有许多人反对博戏，甚至对博戏深恶痛绝的。例如，出身低贱的明太祖朱元璋就是其中较为突出的一个。据周晖士《金陵琐记》记载，朱元璋平生最恨闲玩赌博之辈，对赌博者实行砍断手腕的重罚，"见人博弈者，养禽鸟者，游手游食者，拘于楼上，使之逍遥，尽皆饿死"。这种处罚当然是非常严厉了。

中国古代的皇帝们不但自己十分喜欢玩游戏，而且也十分喜欢观看别人游戏。他们经常在宫中举行一些规模较大的游戏活动，命令朝廷大臣、身边侍从、嫔妃宫女等人参与，自己则在旁边欣赏。皇帝们还经常将自己的皇后和妃子一起带到游戏场所，让她们也能一饱眼福。每遇游戏玩到热闹有趣之处，皇帝与后妃们便哈哈大笑起来。如据《资治通鉴》记载，唐中宗景龙三年，"上幸玄武门，与近臣观宫女拔河，又命宫女为市肆，公卿为商旅，与之交易。因为忿争，言辞褒慢，上与后临观为乐。"[1] 宋徽宗时，每逢天宁节后两日，[2] 宫中便要举行盛大的庆祝活动，亲王、百官们进宫为徽宗上寿，并陪同徽宗一起观看精彩的球戏比赛。除了观赏宫廷游戏以外，

[1] ［宋］司马光：《资治通鉴》，中华书局，1956年版，第6631页。
[2] 宋时定徽宗诞辰为天宁节。

郎世宁《塞宴四事图》（局部）［故宫博物院藏（清代）］清乾隆皇帝在承德避暑山庄大宴群臣，一边观看摔跤比赛的盛况。地毯上两对光着头，穿白色对襟褡裢的摔跤手正在进行紧张、激烈的摔跤比赛。

不少皇帝还经常走出宫外，到民间去观看游戏活动，如隋炀帝时，每当京城中举行摔跤比赛，他都要化装成平民前往观看，享受一番特有的民间游戏之趣。

由皇帝参与或组织的游戏活动，一般都具有排场大、费用高的特点。皇帝的政治、经济特权，决定了皇帝们所从事的各种活动，大都具有着规模宏大，排场豪奢的特点，其游戏活动也莫不如此。例如，三国时期吴国皇帝孙皓在宫廷中举行相扑游戏活动，"使尚方以金作步摇、假髻以千数，令宫人著以相扑，朝成夕败，辄命更作"。宫女们戴着用黄金做的头饰佩件进行相扑，浪费当然极大，但越是如此就越能激起吴王的兴趣，越能使他感到刺激过瘾。这种游戏方式充分反映了中国古代宫廷游戏的奢靡性。

由皇帝参与或组织的游戏活动，还常常具有"玩假戏"的特点。游戏大都是具有竞赛性的，也就是说，它们大多有胜负之分。胜的一方虽然不一定都能像博戏那样得到物质上的收益，但是大都能得到一种精神上的满足，表明在智能或技巧方面高出对方一筹。但是由皇帝参与的游戏活动却常常并非如此。由于皇帝是封建社会中最高统治者，是神圣不可侵犯的"真命天子"，因此皇帝参与的游戏常常会出现虽然皇帝技不如人，但仍然能够获胜的"玩假戏"局面。也就是说，在游戏比赛中明明是皇帝输了，但最终的结果却出现对手将胜果送予皇帝，假装皇帝获胜的情况。如据《南史》记载，梁武帝萧衍是个爱好下棋的皇帝，他十分赏识大臣到溉，经常与到溉对局至深夜。到溉棋技高于梁武帝，但又不敢赢他。有一次梁武帝提出要用棋来赌一座石山的输赢，到溉只得同意。在对局时，到溉故意走错棋子，将棋输掉，结果将自己家中的一座 1 000 多斤的石山运往皇家花园。运输途中，京城中的老百姓沿途围观，大家都想看一看皇帝下棋赢得的宝物，却不知这其实是到溉玩假戏的结果。明代朱元璋下棋时也发生过类似的情况。朱元璋十分喜爱下围棋，经常与徐达对弈。他当上皇帝后，徐达不敢赢他，但如果佯装败北，又怕遭来欺君之罪。结果在博弈之间，徐达逐渐摆成"万岁"两字棋阵，随即叩头呼"陛下万岁"，这样才总算躲过了一场冒犯皇帝的灾难。

中国历史上还经常发生皇帝对某些游戏方式进行创制或改造的

情况。在封建社会中，皇帝是一国之主，可以主宰国中一切人和事的命运，要对那些并无重大意义的娱乐游戏方式进行一些创制或改造，当然更是不在话下了。如北周武帝曾经创造了"象戏"、唐代的女皇武则天曾经将双陆改为"九胜局"，都是这方面较有代表性的例证。据说民间十分盛行的捉迷藏游戏，也是由皇帝发明的。《致虚阁杂俎》云："明皇与玉真于月下，以锦帕裹目，互相捉戏……谓之捉迷藏。"按照这种说法，捉迷藏的创制与唐玄宗有关，它是唐玄宗和杨贵妃在宫中游玩取乐时发明的。

在这方面最有意思的，恐怕莫过于唐玄宗为骰子"赐绯"的故事了。据清赵翼《陔余丛考》卷三十三引《言鲭》云，唐代时期的骰子本来只有"幺"（一点）是红色的，其他 5 个点数均为黑色。有一次唐玄宗与杨贵妃彩战时，其他骰子都已停下，只有一颗骰子还在桌子上旋转未定。如果这枚骰子停下后为"四"时，唐玄宗便可赢，否则无论哪个数都要输掉。此时唐玄宗口中大声吆喊"四"字，结果骰子停下后果然是个"四"。唐玄宗大喜，便命高力士为"四""赐绯"，也就是改为红色，以后的骰子"幺"和"四"便都为红色了。这个故事不但反映了封建时代的君王对于游戏活动的极大兴趣，而且也反映了他们对于游戏活动所拥有的极大权力。

如果说，封建时代的帝王是封建时代中最高层的游戏活动群体的话，那么次高层的游戏活动群体，就是那些聚集在帝王周围的皇亲国戚和官僚贵族们了。在封建社会中，这一群体是仅次于皇帝的中央统治集团中的人物，他们拥有极大的特权和极高的地位，尤其是在生活上养尊处优、奢靡挥霍，这就使得他们对于各类游戏活动，常常表现出了极大的兴趣。封建时代的一些皇亲国戚、官僚大臣们不但自己经常热衷于参与各种游戏活动，而且还经常在家中举办各种豪奢铺张的游戏比赛，鼓动自己的家属、亲友一起加入其中，这样便形成了一个十分庞大的、由官僚、贵族组成的游戏群体。官僚、贵族们的游戏方式与皇帝们的游戏方式常常有着相当的一致性。例如，唐代许多皇帝都喜欢斗鸡，当时的许多官僚贵族中也非常盛行斗鸡游戏，"诸王世家，外戚家，贵主家，侯家，倾币破产市鸡，以偿鸡直。"① 唐代的许多皇帝喜爱打马球，而这种游戏活动当时也经常为官僚、贵族们所热衷，他们中的一些人还是这方面的高手。如据有关资料记载，唐时"周侍中宝与高中令骈起家神策打球军将，而击拂之妙，天下知名。""李相国领盐铁在江南，驻泊润州万花楼观春。时酒乐方作，乃使人传语曰：'在京国久闻相公打球盛名，如何得一见。'宝乃辍乐命马，不疾公服，驰骤于彩场中，都凭城楼下瞰。见其怀挟星弹，挥击应手。"② 在这方面，尤其值得一提的是宋代的"蟋蟀宰相"贾似道。宋代，社会上大兴斗蟋蟀之戏，此风在高层的官僚、贵族集团中也广为盛行。贾似道对斗蟋蟀游戏嗜好至极，成天在家中与人斗蟋蟀玩乐。当南宋重镇襄阳被蒙古国大军包围时，作为一国宰相的贾似道竟对此重大军情隐匿不报，也不派兵增援，而是成天躲在其西湖葛岭私邸半闲堂与群妾踞地斗蟋蟀，最终导致战争失利。南明时的宰相马士英，也是一个与贾似道十分相似的人物。清王应奎《柳南随笔》云："马士英为人极似贾秋壑，

---

① ［宋］李昉：《太平广记》，中华书局，1961年版，第3992页。
② ［南唐］刘崇达：《金华子杂编》，中华书局，2014年版，第274页。

其声色货利无一不同，羽书仓皇，犹以斗蟋蟀为戏，一时目为'蟋蟀相公'。"①这些封建时代的朝廷重臣，在国家、民族命运危急的关头，竟然不理朝政大事，成天以斗蟋蟀为乐，也真可算得上是古代游戏群体中的败类了。

二　文人的游戏癖好和游戏诗咏

中国封建时代的文人一般都较为注重自身的修养，他们提倡精神上的自我实现，崇尚品质和人格上的完美，因此他们对自己的行为一般都有较强的约束能力。特别是由于中国古代的知识分子大都深受儒家思想的影响，奉行"学而优则仕""修身、齐家、治国、平天下"的处世原则，对于社会政治和国家前途表现出了较多的关心和较强的责任感，因此一般说来，封建时代的文人大多远离游戏活动，并对游戏活动表现出较多的排斥或否定。

但是封建时代的文人中也有很多人仍然对游戏活动具有很大的兴趣，有的甚至达到了嗜之成癖的地步。这是因为作为掌握着较多文化知识的古代文人，对于高雅、悠闲的文化活动常常有着一种感情上的偏爱，如围棋、象棋、谜语、酒令等游戏方式，正是这样一些文化活动，能够陶冶人的性情，充实人的精神世界，因此受到了许多文人的喜爱。古代文人对于某些游戏活动感兴趣的另一个重要原因，是由于他们那种因高度的社会责任感不能兑现而产生的失意

---

① ［清］俞樾：《茶香室三钞》，中华书局，1995年版，第1123页。

情绪。古代很多文人虽然十分希望实现建功立业，报效国家的理想，但是历代的统治阶层往往并不重视他们，甚至还经常在政治上对他们进行压制和迫害。这就使得许多古代文人内心中常常承受着很大的痛苦和矛盾。出于无奈，他们只得将自己的兴趣转到了游戏的方面，企图以此来排解郁闷，减轻痛苦。古代文人那种自命清高、孤独寡欢的处世方式，更使他们经常地只能以游戏来作为排遣，并常使这些游戏带上了出格、放任甚至荒诞的色彩。

古代文人所进行的游戏大多以智能性、猜射性为主，其中又以棋类游戏最受古代文人们的喜爱。中国历史上擅长围棋、象棋、六博、樗蒲、双陆等棋戏的文人不计其数。例如，唐代的大诗人白居易，幼年时便酷爱围棋，他出身于书香门第，从小就有很好的学棋环境。他在《孟夏思渭村旧居寄舍弟》中写道："日暮麦登场，天晴蚕坼簇。弄泉南涧坐，待月东亭宿。兴发饮数杯，闷来棋一局。"诗中透露出自己对于围棋的浓厚的兴趣和深深的钟爱。古代的文人中还有很多对于棋戏迷恋到成癖成痴的人，如明代的郑侠"好弈棋，遇客必强之。有辞不能者，则留使旁观，而自以左右手对局。左白右黑，精思如真敌。白胜则左手斟酒，右手引满；黑胜反是"。[①] 这真可谓是文人中的一个"棋痴"了。别人不愿下棋，他就一个人下，一只手代表白棋，一只手代表黑棋，哪只手下赢了，就由哪只手斟酒奖赏自己。这种场景，恐怕只有在那些性格孤傲、行为乖僻的文人中才能见到。

由于文人们常常与文字打交道，因此文字游戏也是古代文人

① ［明］冯梦龙：《古今谭概》，中华书局，2018 年版，第 150 页。

中非常盛行的游戏方式之一。古代文人常玩的文字游戏有猜字、对句、藏头诗、回文诗等。例如，宋代的大诗人王安石经常喜欢与其好友王吉甫一起玩猜字谜游戏，有一次王安石出了一个字谜道："画时圆，写时方，冬时短，夏时长。"吉甫听了，便知是个"日"字。但他并未说出谜底，而是也打出一个谜语道："东海有一鱼，无头又无尾。更除脊梁骨，便是这个谜。"这同样是个"日"字。吉甫以谜解谜，堪称绝妙。王安石见难不倒吉甫，于是又出了一个谜道："左七右七，横山倒出。"这是一个"婦"字。吉甫听了还是不说谜底，而是又作一谜道："一上一下，春少三日，你谜我谜，恰成一对。"这是一个"夫"字。以"夫"对"婦"，适成"夫妇"之意，所以说是"恰成一对"。这两个谜语其构思之巧妙，配合之贴切，都是无与伦比的，它们体现了古代文人在文字运用上的娴熟技巧和深厚功力。

酒令、斗禽、博戏等，也是古代文人们经常进行的游戏方式。古代许多文人非常喜欢喝酒，在酒席上，他们一边互相劝酒取乐，一边还想出各种具有文学性、谜语性的酒令来增加欢乐气氛。猜拳也是文人们经常采用的酒令，甚至还有与酒壶为友来进行猜拳行令的。《清稗类钞》记载了一个名叫方渔村的人，十分喜爱喝酒猜拳。他经常在街上拉人与其喝酒，如果遭到拒绝，便会发起怒来。人们怕他发怒，见到他走近时，便竭力地躲避他，使他找不到人共饮共乐。他没有办法，于是便把酒壶当作酒友，对着酒壶猜拳行令，以解其瘾。

文人中喜欢斗禽之戏的也大有人在。唐代大诗人李白就曾经参加过斗鸡游戏。因为斗鸡，李白与斗鸡徒还发生过冲突，引起五陵少年对他的围攻，后来多亏朋友相救，才使他得免于难。① 明代文人袁宏道的舅舅龚散木，则喜欢斗蜘蛛游戏，袁宏道称他"甚聪慧""人间技巧事，一见而知之。"

喜欢博戏的文人更是不计其数，有的甚至为此可以连命都不要。如晋代诗人潘彦"好双陆，生平局不离身。曾泛海遇风，船破，彦手抱局，口衔骰子，漂泊二日夜方抵岸。两手见骨，局终不舍，骰子亦在口"。② 这真可谓是古代文人中的博戏之痴了。清代时期，许多文人都爱好打麻将，如光绪宠妃珍妃、瑾妃之师文廷式，著名思想家、大才子梁启超等，在闲空时经常与人斗雀牌为戏。

历代的文人中不但有很多人参与了各种各样的游戏活动，更有很多人创作过各种各样歌咏游戏活动的诗词曲赋。他们经常运用自己的生花妙笔，将所看到或者所参与的各种游戏活动生动形象地表现出来，将那些本来只是些普普通通的游戏活动，描写得非常美妙神奇，或者富有极高的艺术性。古代文人的游戏诗咏中最多见的是描写游戏活动的具体过程、具体动作等方面的作品。例如，唐代诗人王建的《秋千词》云："长长丝绳紫复碧，袅袅横枝高百尺。少年儿女重秋千，盘巾结带分两边。身轻裙薄易生力，双手向空如鸟翼。下来立定重系衣，复畏斜风高不得。傍人送上那足贵，终睹鸣珰斗自起。回回若与高树齐，头上宝钗从堕地。眼前争胜难为休，足踏平地看始愁。"诗中运用了娴熟的语言技巧，生动地描绘了少

---

① 见李白《叙旧赠江阳宰陆调》："我昔斗鸡徒，连延五陵豪。邀遮相组织，呵吓来煎熬，君开万丛人，鞍马皆辟易。去急清宪台，脱余北门厄。"

② ［明］冯梦龙：《古今谭概》，中华书局，2018年版，第150—151页。

女们荡秋千时的装束打扮、柔美身姿和轻巧动作，热情赞美了少女们不畏艰险，奋发进取的精神风貌，也隐约地透露出作者对于荡秋千活动的赏识和喜爱；又如王建描写斗草游戏的《宫词》："水中芹叶土中花，拾得还将避众家，总待别人般数尽，袖中拈出郁金芽。"诗虽简短，但是状写斗草游戏的情景却极为生动细致。作者抓住斗草游戏中最有代表性的一两个动作，如先是去采拾各种花草，然后再将它们藏在袖子中，等到斗到关键时，突然将它们抖落出来，以使对方难以预料，表现了蕴藏于斗草游戏之中的种种诗情画意和美妙情趣，使人神往入迷。

有些文人的游戏诗咏着重点不是在于描写游戏活动本身的动作和过程，而是在于描写游戏活动的场景和气氛，这类作品在历代文人的诗词曲赋中也有着相当的比例。如唐代文学家韩愈《汴泗交流赠张仆射》对于打马球活动的描写："汴泗交流郡城角，筑场千步平如削。短垣三面缭逶迤，击鼓腾腾树赤旗。新秋朝凉未见白，公早结束来何为。分曹决胜约前定，百马攒蹄近相映。琼惊杖奋合且离，红牛缨绂黄金羁。侧身转臂著马腹，霹雳应手神珠驰。超遥散漫两间暇，挥霍纷纭争变化。发难得巧意气粗，欢声四合壮士呼。"诗中对于打马球的具体过程着墨虽不很多，但是对于马球场的布置设施、天气条件、马球手的装束打扮、游戏时的紧张气氛、热烈场面等方面，却做了较多的描绘。作者意在通过对于这些事物的描写，衬托出打马球游戏场景的盛大规模，反映出当时人们对于此戏的热衷、嗜好、喜爱。

古代文人的游戏诗咏中还有相当重要的一部分，是以游戏为题来讽喻国家政事、社会风气等方面的作品，这些作品大都具有较大的思想意义和社会意义，它们最能体现中国古代的知识分子那种关心国家政治，以治国平天下为己任的精神境界。例如唐代末年，各藩王纷纷割据称雄，相互之间经常杀伐征战，对社会生产力破坏极为严重。唐王朝内部的大臣们也时常互相倾轧、尔虞我诈、矛盾重重。诗人韩偓有感于此，写了《观斗鸡偶作》一诗云："何曾解报稻粱恩，金距花冠气遏云。白日枭鸣无意问，唯将芥羽害同群。"诗歌虽然写的是斗鸡之事，但是其寓意很明显是指向当时的社会时政现象。作者对朝廷中和各藩王之间的争斗倾轧十分痛恨，对凶狠阴险，作乱生事的佞臣小人万分憎恶，所以才发出了"白日枭鸣无意问，唯将芥羽害同群"的感叹；又如唐代杜荀鹤《观棋》诗云："对面不相见，用心同用兵。算人常欲杀，顾己自贪生。得势侵吞远，乘危打劫赢。有时逢对手，当局到深更。"诗歌表面上是写看人下围棋时的情景，但其真实用意却是以棋来讽刺当时的社会风气，对于那些只顾自己，不顾别人，为了自己的地位、财产和权势肆意侵害别人的势利小人进行了严厉的指责和批判。

古代文人的游戏诗咏中也有一些是借游戏为题来抒发个人情感、心志的作品，这些作品一般都有较高的艺术性。例如，元代无名氏写的散曲《喻纸鸢》："丝纶长线寄天涯，纵放由咱手内把。纸糊披就里没牵挂，被狂风一任刮。线断在海角天涯。收又收不下，见又不见他，知他流落在谁家？"诗中借用放风筝之戏来隐喻自己漂泊动荡，痛苦不堪的遭遇，控诉封建社会中强权势力对他的摧残和迫害，表现了对家庭、亲人无比的怀念和留恋之情，寓意非常深刻；

又如《北京风俗杂咏》诗云："草色如烟柳如丝，他乡寒食不胜悲。儿童竞放飞鸢起，仔细风高断线时。"作者漂泊异乡，见风筝而伤怀，其寓意与《喻纸鸢》十分相似。但是，这首诗中又描绘了春光明媚，花草竞艳，儿童们在野外高兴地竞放风筝的情景，似乎也还有一些快乐、愉悦的情调。

三　古代女子相扑、打球、秋千、围棋诸戏

在古代的游戏活动群体中，还有一个非常庞大的群体——妇女。与男子相比，妇女与游戏的关系更为密切，这是由妇女所处的社会地位及她们在生产、生活中所承担的工作的性质所决定的。在封建社会中，男子从事的是在经济生活中占主导地位的劳动，而女子从事的则是在经济生活中占辅助地位的劳动，因此，男子在经济上的地位也就要比女子高得多。经济地位上的性别差异也影响到了政治生活和社会生活等各个领域。在政治上，男子可以当官，女子则不能当官；在家庭中，男子是一家之主，女子则只能无条件地服从于父亲或丈夫。所谓"男子主外，女子主内"，便是因封建时代那种男女之间在政治、经济和生活上的不平等地位所形成一种观点。封建时代的女子们在社会地位、工作性质上的这些特点，决定了她们较少承担政治、经济责任，较少参与社会活动，也较少与社会上的各种人物接触，因此她们比男子有更多的空闲时间来进行各种各样的游戏娱乐活动。

　　节日是古代妇女们最为集中的游戏玩乐的时间。在节日中，统治者对人们的行为限制较少，对于妇女们的管束和制约也较松，因此节日往往成了古代妇女们最为集中的娱乐游戏的时日。每逢元宵、清明、端午、七夕、冬至、春节，妇女们便经常要聚集在一起，尽情地吃喝玩乐，游戏嬉闹。社日也是古代妇女一个重要的节日，① 到了此日，妇女们便放下手中的家务活，走到外面去尽情地玩乐，其中当然也包括进行各种游戏活动。

　　古时候每月还有一个特殊的日子，称为"下九"，亦是每月的十九日，这是一个专为妇女设立的节日。届时妇女们要置酒为饮，并玩藏钩等游戏。《采兰杂志》云："古人以每月十九为下九，每值九，置酒为妇人欢，至夜为藏钩诸戏，有忘寐达旦者。"为什么要将十九日这一天定为妇女的节日呢？原来在古代，"九"这个数字被看作是一个"阳数"，而古人认为妇女属阴，因此将十九这一天定为妇女的节日，有着求得阳气的意蕴。在这一天妇女们可以大吃大喝、游戏玩乐，它们都被视作是吉利的事，因此不会受到封建势力的阻挠和限制，这种活动也因此被称作"阳会"。

　　从古代妇女的社会阶层上看，生活在宫廷中的皇后嫔妃无疑是妇女游戏群体中最重要的角色。她们成天生活在皇宫之中，生活条件非常优越，但是另一方面又常常得不到皇帝的宠幸，过着冷清寂寞的生活。大量的闲暇时间和百无聊赖的生活方式，使她们常常只能以游戏来弥补精神上的空虚，以游戏来伴随自己度过宝贵的青

---

① 社日，是古时祭祀土神的日子。社日分为春社和秋社，一般在立春、立秋后第五个戊日。

春年华。生活在贵族、官僚家庭中的夫人、小姐，也是古代游戏活动中的主要成员。她们由于受到封建社会中门第观念、封建礼教的束缚，平时从不迈出家门，刻板的生活方式和严格的闺房戒条，使得这些处于社会上层的贵族妇女们常常难忍寂寞，因此也大都以下棋、六博等游戏形式来求得一乐。

当然，在古代妇女游戏群体中也有许多是一般的民女，她们平时要参加生产劳动，家

[山西省汾阳市圣母庙圣母殿壁画（明代）]
图中的侍女吹着横笛和笙竽，捧着围棋、金盏、奁盒与古琴，供圣母享用。侍女手中的围棋局与棋子盒清晰可见。

庭事务也十分繁忙，因此不可能像宫廷中的皇后嫔妃及贵族妇女们那样有大量的闲暇空余时间来从事游戏活动。但是每逢劳动之余，特别是到了节日，她们也经常要参与各种游戏活动，以此来驱除疲劳，放松一下绷紧多时的情绪。

在古代社会中还有一个特殊的妇女群体——妓女，较多地参与了各种游戏活动。为了取悦来客，挣到更多的钱财，游戏成了妓女

唐代妇女打双陆摹写本。

们常用的一种手段。她们经常与客人掷骰子、玩纸牌、搓麻将，或者猜拳行令，藏朦蹴鞠，希望通过这些方式来博得客人的欢心，从而获得更多的钱财。

古代妇女们所玩的游戏，主要有相扑、打球、秋千、围棋等。

相扑本是一种由古代的军事活动演变而来的游戏方式，最初主要为男子们所玩。但是随着这种游戏活动军事性质逐渐淡化以及力量型游戏向技巧型游戏的逐渐转化，这种游戏活动也逐渐在妇女中流行起来。现在所能见到的最早有关女子相扑方面的古籍资料，就是虞溥在《江表传》中记载的吴末帝孙皓命宫女们穿戴着金子做的佩饰进行相扑游戏的故事，距今已有 1 700 多年的历史。到了唐宋时期，随着各种游戏活动的广泛开展，相扑也成为当时社会上广大妇女们十分喜爱的一种游戏活动。尤其是在宋代，妇女相扑之戏在宫廷和民间开展得都非常普遍。宋代的许多帝王在宫廷中举办宴会时，最后一个节目必定要选女子相扑，甚至还有女子裸体相扑的情况发生。例如，在宋仁宗时期的一次元宵盛宴上，女相扑手就是赤裸着身体在宫廷上表演相扑之戏，惹得朝臣司马光还专门为此写了《论上元令妇人相扑状》一文加以批判。民间的女子相扑之戏更是开展得如火如荼，特别是在汴京、杭州等大城市中，女子相扑活动随处可见。《武林旧事》卷六中录有当时杭州名噪一时的女相扑手七人，她们是：韩春春、绣勒帛、锦勒帛、赛貌多、侥六娘、后辈侥、女急快。《梦粱录》中也录有著名女相扑手三人，她们是：赛关索、嚣三娘、黑四姐。这些女相扑手可与男相扑手"俱瓦市诸郡争胜，以为雄伟耳"。

　　宋代以后，闺诫渐严，女子相扑被认为有伤风化而被禁断，故元明清时期汉民族中的女子相扑之戏较少见到。但是在蒙古族等一些少数民族中，女子相扑却仍然非常盛行。大蒙古国可汗忽必烈的侄儿海都王有个女儿强勇过人，尤善角力，海都王甚至还以相扑、角力之戏为条件来招婿，最后竟没有一个男子能够战胜她。

　　球类游戏在古代妇女中也非常盛行。起源于先秦时期的蹴鞠本是一种男子游戏，其起源也与军事战争有关。但是到了后来，蹴鞠开始逐渐演变为一种具有浓厚的娱乐色彩的游戏活动，此时妇女们也开始逐渐加入蹴鞠的队伍之中。河南省南阳地区曾经出土过一块刻有女子蹴鞠场景的汉代画像石，说明汉代时期我国已有女子蹴鞠活动。到了唐代，随着蹴鞠形制的改革，球体变得既轻盈又富有弹性，因此非常适合于力量较弱，动作较柔的女子们所玩。特别是唐代时期受到胡风的影响，妇女们在思想和行为上都较前代开放，因此女子蹴鞠活动大为盛行起来。王邕《内人蹋鞠赋》写道："球体兮似珠，人颜兮似玉，下则雷风之宛转，上则神仙之结束。"[1]描绘了唐代宫女们蹴鞠时那种协调、灵敏、柔丽、优雅的姿态和形象。唐代的宫女们进行蹴鞠比赛后，统治者们还经常向她们分发金钱、财物以示奖赏，"宿妆残粉未明天，总立朝阳花树边，寒食内人长白打，库中先散与金钱"，便描写唐代清明节时宫女们蹴鞠争胜，各领赏钱的情景。

　　宋元明清几代，女子蹴鞠游戏活动仍然盛行不衰。现藏于中国历史博物馆的宋代铜镜中，铸有女子相对踢球的纹饰；故宫博物院

[1] ［清］董诰：《全唐文》，中华书局，1983年版，第3616页。

妇女们游戏时所用的戏具大多较为轻巧灵活，美观秀丽。图中清代妇女所踢之球是用布做的，表面绣有花纹，外结数条丝线垂带，形制轻盈秀美，颇具艺术特色。

今藏的宋代陶枕上，也栩栩如生地刻有民间女子玩蹴鞠时的情景。徐梦莘《三朝北盟会编》卷三十中，还记载过南宋初年一个"筑球郭老娘"。自五代起，女子兴缠小脚，在一定程度上限制了女子蹴鞠的发展。古代许多文艺作品，如笔记小说中，就经常提到那些王孙公子们与宫女或民女相对踢球玩乐的情景。

除了蹴鞠以外，古代女子也十分喜爱马球、步打等球类游戏活动，它们大多也是从唐代时期开始流行，并逐渐流传于后世的。唐代那种闳阔开放、风流旷达的时代风气，使当时的妇女在思想上和行为上获得了一定的自由，她们像男子一样喜爱骑射、击鞠。今藏于故宫博物院的唐代青铜镜上，镌刻有四个姿态雄健的妇女骑在马上打球的图案。在许多唐代的墓葬中，也出土过具有侧身俯击形态的打马球女俑，它们都显示了唐代妇女参加这项游戏活动的英气豪迈的风貌。但是与男子相比，妇女们的马球游戏风格显得较为柔弱和纤美，尤其是那些宫女们参加马球比赛，大都是为了迎合皇帝们的兴趣爱好而表演给皇帝们看的，因此竞赛性并不强，而是具有十分浓厚的表演和观赏色彩。唐代时期还出现了宫女们骑在驴上打球的现象。天宝年间，陇右节度使郭知运之子郭英乂平安禄山有功，得以继严武之后充任剑南节度使，既至成都，"教女妓乘驴击球，细鞍宝勒及它服用，日无虑数十万费，以资倡乐"。[①] 驴上击球游戏的竞争性和动作激烈程度当然比骑马击球要弱，但是妇女们游戏时那种纤柔婀娜的身姿，轻盈灵活的举止相比于马上击球更为充分地展现出来，因此深得公子王孙们的赏识和喜爱。宋代的宫廷中也经常进行女子马球游戏，宋徽宗的《宫词》云："按马攀鞍事打球，花袍束带竞风流。盈盈巧学男儿拜，惟喜先赢第一筹。"诗中描写了宋代宫娥们身着花袍锦带，骑在马上击球取乐的情景，其风格也颇显纤弱柔美之态。

唐宋时期的宫女们还经常玩步打游戏。步打是一种徒步持杖击球的活动，每至寒食、清明节时，宫女们就要在殿前宫中进行步打比赛，赛后获胜的一方向皇帝磕头领赏，然后欢喜而去。至明代时，妇女们玩步打游戏的风俗仍然盛行不衰。明杜堇《仕女图》中，描绘了表现当时仕女玩步打球戏的场景，画中三位仕女各持球杖全神贯注地驱击一球，旁边有两个仕女各自执杖在急切地等待上场，不

---

① ［宋］欧阳修，宋祁：《新唐书》，中华书局，1975 年版，第 4546 页。

杜堇《仕女图》（局部）［上海博物馆（明代）］
明代仕女在内墙花园中玩步打游戏时的情景。三位仕女各持球杖驱击一球，旁边两名仕女各持两杖等待上场，不远处还有一名女子在旁观。

远处还有一个女子在树下"袖手旁观"。它生动地表明了明代女子不仅经常跻身于步打游戏的行列，而且游戏中还制定了一定的比赛规则，使这项娱乐活动具有了竞技的意义。

古代的妇女们还经常玩一种掷水球的游戏，她们站在岸上向水中抛掷气球，看谁将球抛得最远。这种女子球戏活动在宋代时已经很盛行，宋徽宗在《宫词》中写道："戏掷水球争远近，流星一点耀波光。"反映的就是当时宫廷中的妇女们在水边掷球竞赛，游戏取乐时的情景。

古代的妇女中还有一项非常普及的游戏活动——荡秋千。虽然荡秋千之戏最早起源于军事战争的需要，但是它很早就已开始向娱乐性、游戏性活动方面转化，并成为我国古代妇女们十分喜爱的一项游戏活动。宗懔《荆楚岁时记》："春节，悬长绳于高木，士女袨服坐于其上，而推引之，名秋千。"① 这条记载说明，早在南北朝时期，荡秋千游戏已经在妇女中非常普及。至唐代时，荡秋千成了一项风行朝野的时髦游戏活动，无论是宫廷中的贵族妇女，还是普普通通的民间女子，都对荡秋千之戏非常热衷。她们经常在各种场

图为唐代杨贵妃荡秋千图。唐代时期，每到清明节前后，宫中的后妃宫女们就要尽情地玩荡秋千游戏。唐玄宗还将她们的荡秋千活动比作"半仙之戏"。

① ［宋］陈元靓：《岁时广记》，中华书局，2020 年版，第 317 页。

合，尤其是在寒食、清明等节令中进行荡秋千活动，从荡秋千游戏中享受种种难得的人生乐趣。《开元天宝遗事》记载，唐代每到寒食、清明节时，宫中即高树秋千架，让嫔妃宫女们尽情地玩乐。她们登上秋千，凌空悠荡，彩衣绣裙迎风飘扬，宛若仙女自九天飘飘而降，故唐玄宗称其为"半仙之戏"。民间女子的荡秋千活动更是非常盛行，她们常常在仲春令月，三五成群地围坐在秋千架前，你推我拉，你摆我荡，随着秋千的上下翻飞做出各种轻柔美妙、灵活多变的动作。她们还经常进行各种各样的秋千比赛，看谁荡得最高，荡得最稳，荡出的动作、花样最多。古代的文人们曾经对妇女们的荡秋千活动写过无数的诗作，如李清照的《点绛唇·蹴罢秋》："蹴罢秋千，起来慵整纤纤手，露浓花瘦，薄汗轻衣透。"它们描绘了妇女们荡秋千时生动、活泼、姿态万千的情景，表现了妇女们荡秋千时喜悦、欢快、无限留恋的心情，赞美了妇女们荡秋千时那种勇敢、顽强和充满自信的精神。

在少数民族地区，荡秋千也是一项妇女们十分喜爱的游戏活动。蒙古语、维吾尔语、哈萨克语中，"秋千"一词意为"花朵"，可理解为花枝招展的妇女，可见当地妇女对于秋千活动的喜爱和荡秋千时的美丽风采。《番社采风图考》中，也记载过南方少数民族妇女开展秋千游戏的情况。在云南少数民族地区，妇女的荡秋千游戏方式有很多种，除了一般的荡法外，还有纺车秋、水磨秋等，说明秋千之戏在当地妇女中非常普及和盛行。

荡秋千之所以会成为古代妇女十分喜爱的一种游戏活动，与妇女的生理、体质及这项活动本身的特点都有很大的关系，同时也与一定的社会因素相关系。在封建社会里，广大妇女受封建礼教的束缚，长期被锁在闺阁深院之中，很少与外界接触。而清明节前后，正是大地回春的时节，气候由寒转暖，妇女们在明媚的春光下，能走出户外舒展一下身体，摆荡一阵秋千，当然对身心都有很大的益处。古代妇女那种较为纤柔的体质，也使她们大都选择荡秋千来作为一种主要的娱乐活动方式。由于妇女的生理特点以及封建社会中长期的社会分工影响，女性体质与身强力壮的男性不能相比，而荡秋千形式简便，运动量不大，时间可长可短，所以较适合于妇女们游戏。

古代文化层次较高的妇女，对于那些具有较强抽象思维特点的棋类游戏也表现出了很大的兴趣，尤其是围棋这种棋类游戏活动，得到了广大贵族妇女们的喜爱。一般说来，贵族妇女具有较高的文化素质和艺术修养，因此她们对于那种必须经过周密细致的思考、分析的围棋自然会表现出一种特有的偏爱。围棋活动那种高雅的格调和安静的气氛，也使它成为古代贵族妇女们情有独钟的游戏方式。下围棋时，往往是两人正襟危坐，慢悠悠地你投一子我投一子，全没有激烈的动作，也听不到细小的响声。这种格调和气氛与古代贵族妇女那种闺房深居的生活方式是非常一致的，因此围棋经常成为古代贵族妇女们玩乐的一种游戏方式。围棋之所以经常出现于闺阁内屋之中，还有一个重要的原因是它需要花费大量的时间。只有生活条件优裕，有着大量闲暇的人，才能够经常下围棋。而古代的上层贵族妇女，正是充分具备了这样的条件，她们成天关闭在深阁内屋之中，经常感到寂寞冷清，无所事事，因此，围棋便常常成为与她们终日为伴的佳友。

玩物采真：中国古代游戏史

图为古代贵族妇女们在庭院中弈棋观棋的场面。围棋用智较深，宁静幽雅的特点深得古代贵族妇女们的喜爱。

现今所知道的最早的女性围棋手，是汉代时的戚夫人。《西京杂记》："戚夫人侍儿贾佩兰言，宫中八月四日，出雕房北户，竹下围棋。"① 戚夫人之后，历代的后妃宫女往往都要以围棋为"必修功课"。后蜀花蕊夫人《宫词》云："日高房里学围棋，等待官家未出时。"她们学习下围棋，练习下围棋，主要是为了求得帝王的宠幸，使"官家"对自己有所垂青。从唐代起，围棋在仕女中也开始盛行起来。新疆吐鲁番墓中出土的唐代《弈棋仕女图》绢片上，描绘了 11 位贵族妇女的形象，其中两位正在全神贯注地下围棋。宋

佚名《仕女弈棋图》［新疆吐鲁番阿斯塔那 187 号古墓出土，新疆博物馆藏（唐代）］
画面中一名仕女坐于长椅上，一手持棋子欲落盘上，一手捻花于胸前，神态十分生动形象。反映了唐代时期贵族妇女们进行围棋游戏时的真实情景。

① ［宋］陈元靓：《岁时广记》，中华书局，2020 年版，第 92 页。

室中对局，尤显优雅情态，无声之处，却藏机巧用心。

代词人赵师侠淳熙年间曾与友人曾无玷观看当时著名的女弈手沈赛娘下棋，有《点绛唇》词一首，记当时赛棋的情景云："袅袅娉娉，可人尤赛娘风韵。花娇玉润，一捻春期近。占路藏机，已向棋中进。俱休问，酒棋花阵，早晚争先胜。"在一些士大夫家庭中，围棋往往成为夫妻之间的角智游戏。如据《妇人集》记载，清代海盐陈若兰的《闺词一百首》中有一篇云："垂柳依依绿影生，芰荷亭上设棋枰。局中弹出纵横势，笑问檀郎若个赢？"诗中描写的就是夫妻对弈时的情景。从诗歌的语调来看，妻子的围棋水平似乎还要高出丈夫一筹，因此下完后还得意地询问丈夫到底服不服输。

从中国古代妇女游戏的总体发展趋势来看，明显有一种时代上的不平衡性。在政治较为开明，思想较为解放的时代里，妇女的地位有所提高，妇女的行为较少受到社会的约束，因此妇女们的游戏活动便能够广泛地兴盛、发展起来。而在政治较为黑暗，思想较为保守的时代里，妇女受到的压制十分深重，常常没有多大的自由，因此妇女的游戏活动也就不可能得到较大的发展。这种现象，在唐宋元明清几代表现得尤为明显。例如，唐代是一个社会经济繁荣，封建礼教相对松弛的时代，再加上胡风的渗透，妇女们较少受到思想、行为上的约束，因此唐代妇女的游戏活动便十分蓬勃、兴旺地发展起来，诸如骑射、蹴鞠、马球、秋千等，都是唐代妇女经常玩乐的游戏。但是到了明清时期，统治阶层大力提倡封建礼教和封建道德，对妇女思想、行动上的限制日益加强，因此此时期妇女游戏活动的发展也面临着巨大的阻碍，难以形成像唐朝时那样的热闹红火、各色纷呈的态势。

四　活泼有趣的儿童游戏

在一般的社会史或文化史上，儿童并不占有重要的地位，因为儿童的体力和智力还未能使其有能力来承担重要的社会责任，还未能使其有能力来为人类社会和人类文化作出贡献。但是在游戏史上，儿童的作用和影响却不可小觑。游戏的本质是一种由人的本能而产生的活动，因此人从儿童时代起就与游戏建立了密切的关系。从某种意义上说，儿童与游戏的关系或许比成人更加紧密，因为儿童时期一般不参与生产劳动和承担社会责任，因此儿童们在时间上和精力上都有十分有利的条件来参与各种各样的游戏活动。总之，无论研究何国何地的游戏史，以及如何研究游戏史，我们都应该让儿童在其中占有一席之地。

游戏与儿童之间还存在着另一种重要的关系，那就是游戏常常是儿童认识社会，接受教育的重要途径。在天智刚启，认识能力和思维能力还处于十分低幼状态的儿童时代，接受和认识外界事物主要依靠的是一些具有形象性、动作性特征的方式，而游戏活动正是这类方式中十分重要的一种。各种各样看来简单，然而又是非常具有启发性的儿童游戏活动，可以帮助儿童们更好地认识世界、认识社会，锻炼他们的思维能力。例如，通过老鹰捉小鸡的游戏，儿童们便能从中感受到好与坏、善与恶、危险与安全、勇敢与怯弱、爱护与仇恨；通过捉迷藏的游戏，儿童便能从中学会机敏、灵活、应变、判断等能力。总之，游戏对于儿童来说常常具有认识社会和提高思维能力的作用，因此在儿童生活中经常发挥着非常重要的作用。

《百子嬉春图》［台北故宫博物院藏（宋代）］儿童是游戏活动的一个重要群体，他们玩的游戏大多生动活泼，富有情趣。这幅《百子嬉春图》描绘了古代儿童们游戏玩乐的各种形态。他们有的在斗草蹴鞠，有的在泛舟爬树，有的在抚弄琴弦，有的在下棋。人物杂而不乱，繁而不冗。

中国古代的许多父母十分重视儿童的游戏活动，他们经常编制出一些有益于儿童身心发展的游戏方式，以此来提高儿童的认识和思想能力；他们也时常亲自参与儿童的游戏活动，在游戏中启发、教育儿童们养成良好的习惯和高尚的品性。

在古代儿童游戏活动中，相当多的是一些具有竞技性的游戏活动，如踢毽子、跳绳、跳房、抽陀螺、抖空竹、击球、抓子、放风筝等。儿童的踢毽子游戏早在六朝时就已非常盛行。据有关资料记载，当时有一个年仅十二岁的小孩，能一次踢毽五百多次，可见其踢毽技术非常高超。到了唐宋时期，儿童们的踢毽子活动更为普及，其形制也已与现代踢毽子的形制相仿。《事物原始》："今时小儿以铅锡为钵，装以鸡羽，呼为毽子……亦蹴鞠之遗事也。"① 在毽子中装上铅锡等物，是为了使毽子分量重一些，踢起来有较大的惯性。

陈宗训《秋庭戏婴图》［故宫博物院藏（宋代）］
此图名《秋庭戏婴图》，原载《宋人名流集藻册》。图中三个孩子正在花园中玩打仗游戏。两人激烈争夺，互不相让，一人驻足旁观，面带笑容。

① ［清］伊秉绶：《谈徵》，中华书局，2020 年版，第 192 页。

佚名《小庭婴戏图》〔台北故宫博物院藏（宋代）〕图中四个小儿正在庭院中你争我夺，玩乐嬉戏，地上放着围棋盘与围棋盒、小球等各种戏具。

毽子古称"抛足戏具"，是一种用鸡毛插在圆形底座上做成的戏具形式。基本玩法是用足将毽子踢起，待其将落地时再将其踢起，以接键次数多而不失落者为胜。后来发展出各种踢毽技巧，如盘、拐、顶、旋、钩等。踢毽游戏多为儿童们玩耍，是儿童游戏中一种典型的形式。

佚名《蕉荫击球图》［故宫博物院藏（宋代）］
儿童们玩的球具形式多样，有的是用皮制的，也有的是用木、石或泥制成的。

到了明清时期，踢毽子更是成了一种当时儿童群体中非常流行的游戏活动，这在《帝京岁时纪胜》《日下旧闻考》等一些明清时期的古籍中都有所记载。

跳绳也是古代儿童们非常喜爱的一种竞技性游戏活动。由于跳绳所需要的器具十分简单，玩起来又有较为热闹、活跃的气氛，因此尤为适合于儿童们玩乐。明代沈榜《宛署杂记》记载了当时儿童们跳绳游戏的大致情况："儿以一绳长丈许，两儿对牵，飞摆不定，令难凝视，似乎百索，其实一也。群儿乘其动时，轮跳其上。"这里描写的是一种跳长绳的儿童游戏，可以有多人参加。还有一种是跳短绳游戏，由一人或两人参加。古代儿童跳绳游戏的玩法多种多样，如前甩、后甩、前交叉、后交叉、多人跳双绳、双摇飞、多摇飞、八字花等。它们大都要求游戏者有较高超的技巧，跳时既要有熟练扎实的基本功，又要有灵活、敏捷的应变能力。

跳绳古称"跳百索"，也是儿童们十分喜爱的一种游戏活动。跳法主要有"跳长绳"与"跳短绳"两种。前者为集体游戏。两人牵长绳上下摆动，数人轮流跳入摆动的绳圈中，以能不为绳所绊者为胜。后者为个人游戏。一人持绳两端用力甩动，双腿或单腿在绳圈中跳动，以跳动次数多而不为绳所绊者为胜。图为古代儿童们跳长绳时的情景。

古代儿童们玩的跳房、抓子、轧墙壁等，也是一些颇有趣味的竞技性游戏活动。跳房一般是在地面上画一长方形，分为十格。游戏时抛瓦片于第一格内，随即跳入，以脚拨瓦片至第二格。这样一直跳下去，直至跳完十格，即在格内造房。待十格都造成房时，以造房多者为胜；抓子又称"拾子"，用裁圆磨光的砖、瓦或沙袋做成"子"，一般为五枚。将一子抛起，迅速抓起其他各子，再接住抛起下落之子，尽量设法使子不落到地上或桌上；轧墙壁玩时分为两队，大家贴在墙壁上，相对挤轧，哪方将另一方挤出墙壁，哪方就算获胜。这些儿童游戏大都既热闹又需要具有一定的技巧，因此深得儿童们的喜爱。

儿童游戏中还有相当一部分是属于智力型游戏，如七巧板、益智图、积木等。这些游戏需要开动脑筋，认真思考，因此经常被古人用来作为开发儿童智力，锻炼儿童思维的方式。清末崇明人童叶庚在七巧板的基础上，将正方形切割成 15 块，将其排列组合，可拼出各种造型，童叶庚将其命名为"益智十五巧板"。他于 1862 年开始编写《益智图》（上下两册）一书，共拼有山水、人物、博古器具等 216 幅图于 1878 年正式刻印出版。对益智图的方法、特点等都做了详细的介绍。

中国古代的儿童游戏中还有一类非常普及的游戏方式是猜射性游戏，主要形式有摸瞎、猜谜、猜钱、猜字等。摸瞎是中国古代儿童游戏中最常见的游戏方式，又叫"摸瞎鱼"。明沈榜《宛署杂记》中介绍了这种儿童游戏的玩

"摸瞎"也叫"摸瞎鱼""捉迷藏"。其玩法是用一布条将一人的眼睛蒙上，旋转数圈后，令其抓摸其他人，抓着后还必须说出姓名，然后由被抓者代替此人继续抓摸。图中一群儿童正在花园中玩摸瞎游戏，其中一人已被布条蒙住眼睛，其他儿童则在对他嬉笑引逗。

群儿游乐图。
亭中一群儿童
正在玩斗蟋蟀
游戏，亭外另
一群儿童则在
摸瞎。

法："燕都灯市，正月十四日，群儿以帕蒙目，一儿持木鱼，时敲一声，旋易其地以误之，蒙睹循声猜摸，以巧遇夺鱼为胜，名曰摸瞎鱼。"①由此可见，摸瞎最初是一种猜摸木鱼的儿童游戏活动，谁摸到了木鱼，谁就算赢。到了后来，摸瞎鱼游戏演变成了猜摸人的活动。如江浙一带的儿童游戏"射野猫"，用毛巾或布条将一人的眼睛蒙住，然后去捉摸其他人。捉住后还要摸一下此人的头和手足，猜出此人是谁。又如，上海地区的"摸胡石"，玩时先由一儿用毛巾将眼睛蒙住，另一两个儿童拉着他的双手将他原地旋转数圈，其他儿童则在旁边念诵一些儿童的歌谣，如"白白子，子白白，一碗羹，一碗饭，摸得到，回了家，摸不到，去讨饭"等。两人放手后，扮瞎子之儿便开始摸起来，捉到何人，何人便代替他蒙上毛巾继续摸其他人。

　　中国古代儿童们还经常玩猜钱币之类的游戏。用一枚铜钱作为戏具，将其抛向上空，并猜测其落地后为哪一面，猜中者为胜。此游戏在清代时叫作"颠幕儿"。清蒋仁锡《燕京上元竹枝词》云："京师儿童掷钱为戏，得面者负，得背者胜，名'颠幕儿'。"还有一种游戏"猜字瞒"，也是类似"颠幕儿"的猜射性儿童游戏活动。玩时由一人先用拇指和食指夹住铜钱，然后猛一用力，使钱飞快地旋转起来。待钱币旋转一会后，游戏者突然用手掌将钱币压倒在桌上，并蒙住不放，让对方猜测是正面还是反面，猜中者为胜。除了猜钱之外，还有猜牌、猜子、猜花生、猜糖果等游戏方式。这类游戏因为玩起来十分方便，又具有较强的偶然性和趣味性，因此深得儿童们的喜爱。

---

① ［清］周广业：《循阮纂闻》，浙江古籍出版社，2013年版，第69页。

　　与成人玩的游戏相比，中国古代的儿童游戏在活动方式上具有一些独特的特点，其中最显著的就是它的模拟性。儿童游戏中经常有模拟某人、某物或某事的现象，这种现象在成人玩的游戏中是很少见到的。例如中国传统的儿童游戏"过家家"，玩时有的儿童扮作爸爸、妈妈，有的儿童扮作哥哥、姐姐、妹妹、弟弟，有的模拟买菜、烧饭、哄娃娃等动作，有的模拟种瓜、种豆等动作。这些游戏方式都是对现实生活中各种人物和事物的模仿。在"官打捉贼""瞎子捉跛子"等游戏中，儿童们则是扮作官吏、士兵、坏人等人物形象，它们也都是对现实生活中各种真实人物的模仿。儿童游戏中装扮成动物的现象更是非常普遍。例如，在"老鹰捉小鸡"的游戏中，一个儿童扮成老鹰，另一个儿童扮成老母鸡，其他儿童则扮成小鸡。他们紧紧抓住"老母鸡"的衣服，尽量不被"老鹰"捉去；在"马虎咬羊"的游戏中，儿童们则是要装扮成狼、羊等动物形象，《莱阳县志》写道："群儿择广场，手携作环，一儿为羊，环者护之。一儿为狼，乘间逐羊。狼每冲突出入，环节捶节，谓之马虎咬羊。"

　　少数民族的儿童游戏中，也有很多模拟动物的现象。例如，土家族儿童游戏"讨狗儿"，由一人扮作主人，一人扮作母狗，另外三五人则扮作狗崽。游戏时三五人向主人讨要狗崽，主人同意，并与讨要人一起捉狗崽。母狗不让狗崽被捉，奋起保护，狗崽也大声叫喊，以示反抗。儿童游戏中这种模拟人物、动物的现象，是与儿童的模仿心理密切相关的。儿童的智力尚未发育成熟，缺乏独立思考和综合分析的能力，他们有着十分强烈的模仿本能，总是希望比照着周围事物和人物的样子来行事，因此他们的娱乐游戏活动中，就会掺入大量模仿现实生活中事物和人物等内容。

中国古代儿童游戏的另一个特点，是它们在活动的过程中经常伴有歌谣、对话等形式。儿童游戏中一边做游戏一边唱儿歌的现象是非常多见的。如儿童们在玩"转瓢"游戏时，三五名小孩围着一只瓢坐下，一人将瓢转动起来，其他人则诵唱歌谣道："转呀转呀不停地转，大家都来转瓢玩。瓢指谁，谁来唱，唱完歌呀再来转。"这样反复地诵唱着，一直唱到瓢停下来。此时瓢颈指向谁，谁就要表演歌舞。又如儿童们在玩"数脚"游戏时，大家围坐成一圈，将双脚伸向圈内。其中一人一边指点着各人的脚，一边口中诵唱点数的歌谣。歌谣唱毕，最后一字落在哪只脚上，哪只脚便蜷回去，直至所有的脚都蜷完为止。

儿童游戏中一边做动作，一边进行对话的现象也是非常多见的。如中国传统的儿童游戏"猫捉老鼠"，玩时先由一人扮作老鼠，一人扮作猫，其他人手拉手围成一个圈。"猫"在圈外，"鼠"在圈内。这时"猫"问道："猫捉老鼠几更天？"大家答道："三更天。""猫"又问道："天要亮哦？"大家答道："亮哩。""猫"再问道："雨要落哦？"大家答道："落哩。""猫"再问道："太阳伞要撑哦？"大家答道："撑哩。""猫"再问道："老鼠要逃哦？"大家答道："逃哩。"一边说着，"老鼠"一边在众儿的手搭成的"太阳伞"下钻来钻去，而"猫"则在后面紧紧追赶，一直追到将老鼠捉住。

又如中国传统的儿童游戏"捉小狗"，玩时由年龄最大的当"老母狗妈妈"，三人当"小狗"，其余则当捉狗者。"老母狗妈妈"将"小狗"藏于草堆，捉小狗者走近门口说道："老狗妈妈，请开门！""老狗妈妈"问："开门做什么？"捉狗者答："捉小狗。""老狗妈妈"说："小狗还没生哩！"捉狗者说："要到什么时候？""老狗妈妈"说："三五个月。"于是捉狗者又去蹦跳一圈，然后再重新开始对话。

儿童游戏中经常伴有歌谣和对话，主要是为了加强游戏的形象性。儿童们认识事物，主要是通过形象的动作和语言来进行的，其游戏活动也是如此。在游戏活动中一边做动作，一边唱歌、对话，就会使游戏活动变得更为形象，更富有真实感，也更能适合于儿童的心理特点。

中国的传统儿童游戏在奖惩方式上也颇具特色。游戏输了以后，他们不是像大人一样地付出钱物，而是学羊叫、学狗爬、打头塌、打手心、钻桌子等。这些惩罚常常会给儿童们带来比游戏本身更多的乐趣，也十分符合儿童的生活特点和心理特点。儿童们调皮好动，又爱模仿各种事物，因此这些游戏奖惩方式，充分显示了儿童那种调皮、活泼、善于模仿的本性。

游戏与社会风俗

游戏作为中国古代社会中一种相当重要的文化现象，不仅普及于中国古代社会的各个区域，而且也对各个区域的社会生活和社会风俗习惯产生了重要的影响。游戏活动首先是产生了诸多游戏风俗。在各种具体的游戏活动中，都有一些较为固定的活动方式，如游戏程序的安排、游戏场所的选择、游戏环境的布置、游戏人员的分工等，它们随着游戏活动的不断开展而越来越趋于模式化，由此而逐渐成为一些专门的游戏风俗。游戏活动对于中国古代的文艺习俗也具有重要的影响。由于游戏活动的普及和推广，中国古代社会中出现了许多有关游戏的神话和传说故事，它们有的解释游戏的神圣起源、有的描述游戏的离奇故事、有的张扬游戏能手的高妙技艺……这些游戏神话和游戏传说体现了游戏活动对于古代文艺习俗的影响和渗透。某些游戏活动还与中国古代的信仰风俗有着密切的关系。许多游戏活动，在古代不但被当作一种娱乐嬉戏的方式，而且也经常被当作一种祈吉求祥，或者驱邪逐祟的手段，它们带有很强的巫术色彩和宗教意义。因此，这些游戏活动实际上已经成为宗教信仰风俗中的一种表现方式。

一　民间的游戏风情和规习

中国古代有许多规模较大、参加人数较多的群众性游戏活动，在这些游戏活动中，人们的行为方式有一定的规范统一性，它们经过长期的积淀以后，便形成了颇有地方性特色的游戏风俗。这些风俗主要体现在游戏活动的组织过程、比赛过程，以及与这些游戏活动有关的生活方式等各个方面。例如，中国古代一些较为大型的群众性游戏活动，其活动的场地一般都是安排在开阔宽敞的旷野或田地中。开始游戏时一般都要先敲锣打鼓，吸引人们前来观看；游戏开始后，游戏者一般都要分成几队，身穿各种不同颜色的衣服；游戏活动中还有一些专门的管理和组织人员来负责安排各项具体的游戏程序，包括开场、中场和结束等；游戏结束后，一般还有较为固定、统一的领奖方式。当然，这些各种各样的游戏活动风俗，都是由人们在游戏活动中约定俗成的，它们并不是一种专门的法令或者制度，而只是为了保证游戏活动能够正常进行而自发形成的社会行为规范。

与这些游戏活动本身的风俗相关的，还有大量的游戏生活风俗。一些较为大型的游戏活动，对人们的社会生活影响很大，它们不但会改变人们的社会生活节奏，促使人们从繁忙的劳动生活中摆脱出来，积极参与到这些热闹有趣的游戏活动中去，而且还会影响到人们社会生活的各个方方面面。例如，为了参加游戏活动，人们就必须事先调养好身体，吃饱睡足。路程远的还要事先准备干粮、点心等；如果参加斗禽、斗兽之类的游戏，所斗之禽兽要事先经过精心的调养，使其有足够的力量来进行竞斗；游戏的得胜者，要大摆酒宴，以示庆祝，有的还要披红挂彩，招摇过市，大大地炫耀一番；即使是观看游戏的人也要进行一些生活物资上的准备。如烧好一些酒菜招待客人、缝制一些新衣以供看游戏时穿着，等等。这些虽然不是游戏活动本身的风俗，却与游戏活动密切相关，它们与游戏活动本身的风俗组合在一起，形成了特有的游戏生活风情。

明清时期已很盛行的浙江金华斗牛比赛，就是这样一种大型的游戏风俗活动。据清人陈其元《庸闲斋笔记》记载，金华地区举行斗牛比赛时，一般都是在春秋季节。村民们事先进行过祭祀社神的宗教活动，然后才开始斗牛。斗场设在水田中，周围皆搭台设看座。到了斗牛那天，几十头牛从四面八方被牵入斗场，但是真正参加竞斗的，只不过是十多头牛而已。斗牛开始后，两牛相斗厮拼，经常斗得血流满地。斗败的牛鲜血淋漓，仓皇奔逃，将两边的桌凳都掀翻在地。此时观众们则纷纷"哗然争避，或失足田中，或倒身岸下，遗簪坠珥，衣服沾濡，头面污损，相将相扶而去。真可谓见豕负涂，载鬼一车矣"。①斗牛胜利之家，还要设宴招待宾客，并在酒席上大大吹嘘一番，例如，对方的牛怎样进攻，自己的牛怎样防御；自己的牛如何预料对方牛的进攻路数，对方的牛如何难抵自己的牛的进攻招数；等等。"言之津津，几乎忘我之为牛，牛之为我焉"。②人们对参加竞斗之牛的待遇非常优厚，它们卧以真丝帐，食以白米饭，喝的是好酒佳酿。如果有客人来了，主人便要吩咐下人道：不要将饮牛的酒拿出来招待客人。此话乍一听，似有敬客之意，殊不知其实是主人舍不得将饮牛的上品之酒拿出来招待客人。牛主人称牛的旧家主人为"牛亲家"，称豢养牛的牧童为"牛大舅"，他们之间的关系，甚至比自己与儿女亲家的关系还要亲近密切。这些生动有趣的行为方式，充分地表现了明清时期金华地区斗牛活动的风姿态相，展示了当地群众在斗牛活动中所表现出来的各种民情风俗。

---

① ［清］陈其元：《庸闲斋笔记》，中华书局，1989 年版，第 103 页。
② ［清］陈其元：《庸闲斋笔记》，中华书局，1989 年版，第 104 页。

古籍中的斗牛图绘。

　　古代北方地区的斗鹌鹑游戏，也有一系列特定的风俗。参加竞斗的鹌鹑一般都是被放置在一个藤条编的长方形簸栏里。双方主人分别蹲在簸栏的左右两侧，各人在地上丢下三五粒谷子，同时以手掌遮掩不让对方看到。鹌鹑吃了谷子后，又继续寻食，遇上对方的鹌鹑，于是便开始厮斗起来。鹌鹑相斗时一般都是痛啄对方的头部或颈部，一边发出咕咕的叫声，通常三五分钟即可分出胜负。如果其中一只斗了一会后突然逃走，或者被另一只追得四处乱飞，便算

《明代版画 斗鹌鹑图》[中国国家图书馆藏（明代）]鹌鹑虽然形体较小，却也十分善斗。由于斗鹌鹑多在冬季进行，故称"冬兴"。本图反映了明代斗鹌鹑的情景。两只鹌鹑被圈在一个圈内，跃跃欲斗，旁边则有几个儿童在观赏引逗，地上还放着装鹌鹑的袋子。

输了。此时游戏者立即叫停，并将一些谷粒撒在簸栏里，然后由双方主人分别将它们挡住，这样鹌鹑就会停止咬斗，低下头去啄米了。在一旁观看斗鹌鹑的人，可以或蹲，或站，或坐，但是不管采取什么姿势，都不能移动、换位，或者是举手、搔痒，否则就要被逐出场外，或者挨一顿骂。因为每一个动作都有可能把打斗中的鹌鹑吓跑。斗鹌鹑的时间一般都是在早晨，因为早晨鹌鹑肚子饿，故斗起来特别凶狠。对于斗鹌鹑的日期和地点一般也都是事先约定的，参加竞斗的双方主人要事先对时间、地点等问题进行商量，有的还要签订协议，以免以后发生纠纷。当地驯养鹌鹑也有许多风俗，其训练方式被称为"把"，即将鹌鹑的两腿夹在

人的两指之间，使其双爪悬空，无法蹬跃，再将其颈部夹在虎口间。如此天天训练几次，鹌鹑便可服从主人的命令。

中国古代还有一些游戏活动，由于具有一定的赌博性质，参加之人有钱财上的输赢，因此规定较为严格，其行为规范也较多。如中国明清时期广兴斗蟋蟀之戏，蟋蟀间的咬斗，或会给人带来巨大的财富，或会使人顷刻之间倾家荡产，因此斗蟋蟀时常常具有很多严格的规矩和固定的程式。明人谢肇淛《五杂俎》卷九中云："三吴有斗促织之戏，然极无谓。斗之有场，盛之有器，必大小相配，两家审视数回，然后登场决赌。"①可见明代时斗蟋蟀游戏已有一整套规矩和制度。到了清代，斗蟋蟀之风更盛，北京、天津、广州、上海等地，都出现了许多斗蟋赌场，其规矩程式也更为严格和繁多。每至秋风起时，人们便在空旷之地搭起棚子，棚内用布帐分隔为若干圈，作为赌室。赌前双方约定赌注金额，旁观者亦可下注。赌注大者可达几百甚至上千两白银。斗蟋蟀开始后，将蟋蟀置于高架之上，以防人为干扰。双方各出一人观其胜负，其余赌徒便只得举目仰望，倾听鸣声而已。《清嘉录》对于清代苏州地区的斗蟋赌博风俗描写甚详："白露前后，驯养蟋蟀，以为赌斗之乐，谓之'秋兴'，俗名'斗赚绩'。"提笼相望，结队成群。呼其虫为将军，以头大足长为贵，青、黄、红、黑、白、五色为优，大小相茗，铢两适均，然后开栏。"斗时，有执草引敌者，曰'茎草'。两造认色；或红或绿，曰'标头'。台下观者，即以台上之胜负为输赢。谓之'贴标'。斗分筹码，谓之'花'。花，假名也。以制钱一百二十文为一花，一花至百花、

---

① ［明］谢肇淛：《五杂俎》，上海书店出版社，2009年版，第189页。

千花不等。凭两家议定，胜者得彩，不胜者输金，无词费也。"①

由于有些博戏输赢出入很大，因此在游戏时还必须有一些专门负责管理监督或者分配筹划的人员，这些人员也有一套自己特定的行为方式和风俗传统。例如，唐代时期盛行长行，该游戏中后来出现了一些"撩零""囊家""乞头"等风俗。唐李肇《国史补》云："今之博戏，有长行最盛……""及博徒用之，于是强各争胜，谓之撩零。假借分画，谓之囊家。囊家什一而取，谓之乞头。"②所谓"囊家"，就是主持博戏的裁判，其职责是防止人们在博戏中营私舞弊，或者发生争斗。囊家可以抽得十分中一分的头钱。

中国的少数民族地区经常举行大型的群众性游戏活动，因此，出现在少数民族地区的游戏风俗也特别多。这些游戏风俗体现了各种少数民族的社会生活特点和群体性格特点，充满着边疆山寨特有的情趣。例如居住在湘西地区的苗族，每年立秋时都要举行一次规模盛大的"赶秋节"，届时有许多颇具民族特色的游戏风俗活动。清晨，青年男女们便聚集在秋千架周围，秋千架前有两位被大家推选出来的"主秋老人"——秋公和秋婆，他们站在那里迎接前来玩乐的人们。秋公念过几句预祝词后，领着大家唱"开秋歌"。然后由4男4女一起登上秋千架进行荡秋千游戏。按照当地的风俗，当快速旋转的秋千突然停下时，谁正好处于最上面的位置，谁就要唱歌。大家为了躲过唱歌，于是便纷纷用力荡起秋千，致使秋千转得飞快。但是也有一些男青年故意要转到最上层，通过唱歌来博得姑娘的欢

① ［清］顾禄：《清嘉录》，中华书局，2008年版，第166页。
② ［宋］李昉：《太平广记》，中华书局，1961年版，第1754页。

心。在这种充满喜悦和欢乐的荡秋千活动中，融合了苗族人民对于丰收的渴望、对于幸福的祈盼、对于爱情的追求。它已经不是一种简单的游戏娱乐方式，而是成了体现苗族人民的生活理想和美好愿望的游戏生活风俗。

生活在云南丽江地区的纳西族，在设立秋千架时也有许多有趣的风俗。他们在秋季时总要举行一次立秋千架的活动，其礼仪比盖房子还要隆重。届时全村寨的男女老少都要前来庆贺，鸣放鞭炮，敲锣打鼓。当年新婚的夫妇来到秋千架下，男的要在秋千架两端插上小红旗，女的把红线绕系在两根秋千绳的握手处，然后再给乡亲们分糖果瓜子。乡亲们也要为他们祝福。然后便开始荡秋千。荡时先由村中德高望重的最年长者来试荡，他荡过以后，新婚夫妇和村中其他人才纷纷登上秋千架摆荡起来。据说这样做可以使村寨繁荣昌盛。

由此可见，中国古代的许多游戏活动，常常是在一系列模式化、固定化的行为方式中进行的，它们的组织方式、活动程序、活动场景和活动时间等常常都有着较为统一的模式，由此而构成了各种各样的游戏风俗。尤其是在少数民族地区，由于游戏形式上的群体性特点，游戏中的各种具体活动方式大都显示了一种鲜明的风俗性。许多游戏活动还常常与当地群众的现实生活紧密融合在一起，形成了具有浓厚的生活气息的游戏生活习俗。它们既是当地群众文化娱乐上的一种形式，又是当地群众现实生活中的一部分。

中国古代的游戏风俗还较为集中地体现在大量的游戏活动规则方面。任何游戏活动都必须在一定的规则下进行，否则就不能称其为游戏。这些规则中一部分具有较强的随意性。也就是说，它们是根据游戏者在游戏时的需要而临时制定的，它们不具有风俗的意义。然而更多的游戏活动，其规则是较为固定的，它们不是出自游戏者主观随意的决定，而是经过长期的历史积淀，以及无数人的共同实践而形成的，这样的游戏规则就成了一种具有风俗意义的游戏规习。它们具有相当的稳定性，经过了许多年以后，其基本内容仍然不会有很大的改变。

中国古代的酒令游戏中，便有着大量的固定规习。例如，我国传统的酒令中一般都规定酒令如军令，一旦酒令发出就必须严格实行，不得违背，故古代将酒令称为"觞政"，将它看得像国家政令那样重要和严格。在行酒令的过程中，必须有长幼尊卑之分，年龄长或地位高的坐上座，年龄小或地位低的坐下座。行令的次序也要按长幼尊卑的区别而进行。主持酒令的人称为"令官"，他必须熟悉各种酒令，善于谈吐，并且有一定的酒量。古时令官行酒令时一般必须自己先饮3杯，这样才能取得席间所有人的信任。参加行令之人也必须遵守许多规矩，如不得随意换座、不得毁坏席上器物、不得骂人打架、不得代人行令；轮到自己喝酒时，不得推辞、不得违令、不得将酒藏起来、不得将酒洒泼在地上、不得将席上的果品菜肴放入酒杯中、不得请人代喝酒、不能擅自改令。根据酒令必须受到一定惩罚的，如罚唱诗歌词曲、罚装猪叫狗吠、罚做各种可笑动作的，也都必须按令而行，不得违拗。这些酒令中的规习是在长期的酒令游戏活动中形成、发展起来的，它们已经成了一些模式化的行为方式，为中国古代社会中各种喝酒行令之人所共遵。因此，它们大都具有鲜明的风俗意义，而不是一些偶然的个人行为。

在一些传统的棋类游戏活动中，也有许多约定俗成的规矩风习，如民间下棋时一般都有"落棋无悔"的规定，即走出的棋子不得重新再撤回来；下象棋时，第一着棋不得先走炮打马，不得反复走来回棋；将住对方时必须先"叫将"；不得将棋子放在手中摇来摇去、不得将棋子撒落在地上、不得用手去搅和棋子、不得在下棋时走来走去；等等。对于观棋的人也有很多规习，如不得代人走棋、不得高声喧哗、不得随意评论、不得为棋手作弊。有些棋类游戏设有裁判，其也有许多必须奉行的规矩，如裁判必须判断公正，不弄虚作假、不偏袒一方，不参与棋手之间的争斗，不代棋手行棋，等等。这些棋戏规习大多是人们在习常的棋戏活动中约定俗成的，它们并非行政法令或制度，而只是人们在游戏活动中自行制定的一些行为规范。但是这些规习对于游戏者具有一定的约束作用，参加游戏的人对于这些规习须十分熟悉，而且必须十分认真地遵循这些规习，否则便会被看作是没有知识、不懂规矩之人，便会受到所有参加游戏之人的指责和鄙视。

二 游戏传说与神仙信仰

随着游戏活动的广泛盛行和游戏形式的不断涌现，中国古代社会中产生了很多关于游戏的神话和传说故事，这些神话和传说故事实际上是中国古代许多有关游戏知识、游戏特点方面的问题在文艺习俗上的反映。古代社会中有一部分游戏活动，由于历史十分悠久，后人已经难以弄清它的真正起源，于是人们便猜测这些游戏活动是由某个神灵或圣贤创造的，由此而产生出许多关于某个神灵、圣贤创造游戏的神话或传说故事。还有一些游戏活动，其参加人员中有一些是某一方面的名人或贵人，如某个皇帝曾与某某人玩过六博，某个有名的道士曾与某某人下过围棋，等等。这些各种各样的名人游戏活动，后来便逐渐地演变成了饶有趣味的名人游戏传说和名人游戏故事。还有一些古代游戏活动，是由于其形制或功能方面的某些独特性而逐渐演化成了神话或传奇故事，如有些游戏形制富有军事性（如象棋中的兵、卒、车、马、炮、将、士、象），有些游戏形制富有文学性（如文学性的谜语、酒令），有些游戏的功能与宗教信仰有关（如拔河在古代时是作为一种祈求丰收的方式而产生的），有些游戏的功能与文化教育有关（如儿童游戏中的过家家、老鹰捉小鸡），等等。由于这些游戏活动在其形制或功能方面具有一定的独特性，因此其中很大一部分后来都演化成了各种各样的传奇故事。总之，中国古代的许多游戏活动，由于在起源、形制、功能，以及参加者等各个方面经常会引起人们的兴趣，因而产生了大量的有关游戏活动的神话和传说故事。

在中国古代有关游戏的神话和传说故事中，有很多是关于游戏起源方面的。如关于围棋的起源，中国古代社会中流传较多的是"尧造棋"和"舜造围棋"的传说故事。《博物志》："尧造围棋以教子丹朱。或云舜以子商均愚，故作围棋教之。"① 按照此说，尧、

---

① ［宋］司马光：《资治通鉴》，中华书局，1956年版，第4167-4168页。

舜创造围棋的目的，是为了教育自己的子女，使自己的子女变得聪明起来。当然，这种说法并无历史根据。后世之所以流传着许多关于尧、舜造围棋的传说故事，只是为了想依附尧、舜等古代贤君的名声，增强社会影响而已。

关于象棋起源的传说也是如此。中国历史上有许多关于圣人造象棋的传说，如：有的认为象棋是由神农氏发明的，如元代僧人念常《佛祖历代通载》云："神农以日月星辰为象，唐相国牛僧孺用车、马、士、卒加炮代之为棋矣。"也有的传说将象棋说成是由黄帝创造的，如《广象戏图》序云："象戏，兵戏也。黄帝之战，

[山西省洪洞县广胜寺水神庙明应王殿壁画（局部）（元代）]
元代壁画中的象棋图。图中一人手执一子，举棋未定；另一人则专心致志，低头沉思。身后各立二侍者观战。从局势来看，明显是象棋。棋局中画有一河界，纵线九条，但横线似比现代象棋多一条。这是较为古老的中国象棋实战图绘，具有很高的历史文物价值。

驱猛兽以为阵，象，兽之雄也，故戏兵以象戏名之。"①这些传说当然都是一些附会之词，但是由此也可以看出我国象棋的起源确实十分古老。

中国古代另有一些关于游戏的传说故事，主要内容是宣扬某些游戏活动的传奇性。例如，关于藏钩的起源，一些传说中认为是与汉代奇女赵婕妤的事迹有关。《宋书·符瑞志》云："武帝赵婕妤，家在河间，生而两手皆拳，不可开。武帝巡狩河间，望气者言，此有奇女子气，召而见之。武帝自披其手，即时伸，得一玉钩，由是见幸，号曰'拳夫人'。②由是汉世有藏钩之戏。"这则故事，确实具有很强的传奇性。赵婕妤居然是个两只手蜷曲不可伸的女子，汉武帝在望气士的指引下终于找到了她，并为她扳开手指。想不到赵婕妤的手指从此真的可以伸开了，在她的手中还找到了一枚玉钩，于是便有了后世的藏钩之戏。故事虽然并不一定真实，但是饶有趣味，使人听后颇有感触。

关于唐代博戏长行的起源，也有一则颇具有传奇性的传说故事。据俞樾《茶香室丛钞》云："东都陶化里有空宅，太和中张秀才借居肄业，夜深见道士与僧徒各十五人从堂中出，形容长短皆相似，排作六行。别有二物展转于地，每一物各有二十一眼，内四眼剡剡如火，色相驰逐，而目光眩转，荦然有声。僧道三十人，或驰或走，或东或西，或南或北。其二物周流于僧道之中，未尝暂息。秀才以枕掷之，遂皆不见。明日于壁角得一败囊，中有长行子三十菌，并

---

① ［元］马端临：《文献通考》，中华书局，2011年版，第6283页。
② ［梁］沈约：《宋书》，中华书局，1974年版，第768页。

骰子一双，按此骰子形状与今正同。惜长行子之法不佳，此僧道三十人未者见其义耳。"① 这则故事比上则关于藏钩的故事更具有传奇性。远方来的张秀才借居空宅，深夜里看到了排成六行，齐齐而出的僧人道士，其身材长相居然十分相似。他们在堂中急速地奔走起来，地上还有两颗骰子在僧人道士中穿来穿去。它们各有 21 眼，眼内闪着火一般的光芒。张秀才用枕头向他们掷去，一会儿僧人、道士与骰子便都不见了。故事中处处充满着神奇、诡谲的气氛，充满了幽秘、悬疑的情调，使人听来颇觉有趣。这类关于游戏起源的传奇性故事，表现出了游戏的神奇性和趣味性，吸引了更多的人参加或注意这些游戏活动。

中国的少数民族中，也有许多传奇性游戏故事。例如，仫佬族有一种叫作"凤凰护蛋"的传统儿童游戏活动。进行游戏时，少年儿童们 6 个人为一组，画一圆圈为凤凰窝，圈内置 3 块砖头为凤凰蛋，一人充当母凤凰，护卫着蛋窝，其余则扮作天兵天将抢夺窝中的凤凰蛋。关于这种游戏活动的起源，仫佬族中有着一则十分美丽而神奇的传说故事。说的是在很古老的时候，有一只凤凰飞到仫佬族地区，下了一只蛋，此蛋保佑该族人民群众一直过着美好的生活。后来天神出于嫉妒，派天兵天将来捕捉凤凰和砸毁凤凰蛋，凤凰在护蛋时被暗箭射死，变成了凤凰山，蛋则变成了山前的哆罗岭，于是后世便有了"凤凰护蛋"这项游戏活动。这类关于游戏起源的传奇故事，在少数民族地区大量存在，它们反映了少数民族对于社会、人生以及文化娱乐生活等方面的认识方式和思想观念。

---

① ［清］俞樾：《茶香室丛钞》，中华书局，1995 年版，第 405 页。

　　中国古代关于游戏的传说中还有一类是与神仙有关的神话故事。这些故事中大多出现了某个神仙参与游戏，或者对某些游戏者进行点拨、指导的情节，它们反映了古人在游戏问题上所表现出来的神灵观念和宗教观念。这类故事的产生一般出于以下两种原因：一是故事创作者确实相信在现实生活中有着神仙的存在，也确实相信有着神仙与人或神仙与神仙之间玩游戏取乐的事实，因此这些故事中大都将神仙们的游戏活动描述得活灵活现，仿佛确有其事；二是故事创作者本不相信神仙，也不信奉宗教，只是为了要想提高某些游戏形式的知名度，或者要想使某些关于游戏的故事变得更为生动有趣，令人着迷，因而在故事中加入了许多有神仙参与或与神仙有关的情节。不管出于何种原因，中国古代有关游戏活动的故事中经常有着神仙形象的出现，这一点是谁都不会否认的。

　　唐代牛僧孺所作的《巴邛人》中，讲述了一个关于"橘中戏"的神话故事。说的是有个巴邛人家有橘园，霜降以后，橘子都已采收完毕，但是橘树上还留着两个大橘子没来得及收掉。后来将这两个大橘子摘下来，剖开一看，只见两个橘子中都有两个老人在下象棋。后世的许多小说和戏曲中，也经常以这个象棋神话故事为题材，敷演出许许多多的生动情节。据清初吕留良《象棋话》记载，当时民间还流传着宋太祖赵匡胤与道士陈抟下象棋的故事，"宋太祖落魄时，曾游华山，与希夷老人对弈象棋，太祖负于陈。遂于即帝位时，罢免华山附近黎庶之征徭，以示不食前言，今犹有遗迹存，可证"。陈抟是宋代时有名的道士，棋术高明，因此宋太祖与陈抟下象棋的传说，一直被当作一则神奇的神话故事而在民间广泛流传。

　　唐代的武则天十分喜欢下象棋，民间也有许多关于她和神仙下象棋的故事。例如，据《梁公九谏》记载，武则天有一次睡至三更时，突然做了一个梦，梦见自己与大罗天女交手下棋，大罗天女的棋技十分高超，不一会便将武则天将死。武则天连输几盘，终于惊觉。这类君王与神仙玩棋戏的故事在中国古代社会中是非常多见的。

　　中国古代还有许多神仙帮助或点拨游戏者在游戏中战胜对手的神话故事，这类故事也非常生动有趣。例如，明代陆粲在《庚巳编》中记载了一则玄坛神帮助平民张廷芳取得斗蟋蟀胜利的神话故事："吴俗喜斗蟋蟀，多以决赌财物。予里人张廷芳者好此戏，为之辄败，至鬻家具以偿焉。岁岁复然，遂荡其产。素敬事玄坛神，乃以诚祷，诉其困苦。夜梦神曰：'尔勿忧，吾遣黑虎助尔，今化身在天妃宫南角树下，汝往取之。'张往，掘土得一蟋蟀，深黑色而甚大。用以斗，无弗胜者，旬日间获利如所丧者加倍。至冬，促织死，张痛哭，以银作棺葬之。"① 故事中张延芳因斗蟋蟀失败，最后倾家荡产。张廷芳因为平素敬奉玄坛神（骑黑虎的赵公明），其心十分虔诚，夜里，他梦见玄坛神对他说："你不要担忧，我派黑虎帮你，它现在已经化身在天妃庙东南角的树下，你去拿吧！"张某去到那里，捉到了一只体形硕大的蟋蟀，用来斗赌，所向披靡，仅是十来天就把输掉的财产加倍赢了回来。到了冬天这只蟋蟀死了，张某痛哭，做了个小的银棺材来安葬它。这类神话故事中之所以出现各种神仙人物的形象，并且竭力表现人们依靠神仙的力量来取得游戏的胜利，目的在于增强这些故事的趣味性和传奇性，使人听了颇觉有趣。

① ［明］陆粲：《庚巳编》，中华书局，1987年版，第49页。

　　显然，古代有关游戏的传说和神话故事都是在游戏活动实践的基础上形成的。由于现实生活中围棋、象棋活动广泛盛行，于是才有了圣人发明围棋、象棋的传说故事，才有了与神灵、仙女下围棋、象棋的神话。同样地，正是由于现实生活中有了大量的斗鸟禽、斗蟋蟀之类的游戏活动，于是才会产生神仙帮助人们取得斗鸟禽、斗蟋蟀胜利的神话，才会有济颠和尚以斗蟋蟀来惩罚富绅豪强等的传说故事。同时，中国古代很多有关游戏的神话和传说故事的形成和传播，从一定程度上又促进了某些游戏活动的发展。很多有关游戏的神话和传说为人们介绍了大量的游戏方面的知识，提高了游戏的知名度；更有许多有关游戏的神话和传说，以其形象的艺术性和生动的趣味性诱发了人们对于这些游戏的兴趣，促使人们对这些游戏活动进行更进一步的探索和追求，这对于游戏活动的推广和传播无疑都有着很大的作用。

三　游戏与祈吉、驱邪、占卜、禁忌

　　游戏虽然是一种具有娱乐性质的文化活动，但是在中国古代社会中，它又经常与人们的信仰习俗有着一定的联系，这主要表现在古代社会中的人们经常把某些游戏活动当作一种特殊的巫术手段，以达到各种各样的宗教目的。例如古代人们经常利用某些游戏活动来祈求丰收、祈求吉祥，经常利用某些游戏活动来被除邪祟，驱灾逐疫，经常利用某些游戏活动来占卜命运，预测前途。在这些情况下，游戏活动的形式虽然没有什么改变，但其性质已经部分地转化成了具有鲜明巫术色彩的祈吉、驱邪或占卜活动。古代游戏活动与信仰习俗之间密切关系的另一个方面，是由于古人经常将某些游戏活动视为具有一定的巫术性，它们的成败会对人们的现实生活产生重要的影响，因此一些为了防止在游戏活动中出现对现实生活不利后果而制定的禁忌措施也就随之产生，如古人在放风筝时，忌将风筝拾回来；在搓麻将牌风顺时，忌离开座位；等等。这些游戏禁忌风俗，在古代的游戏活动中是大量存在的。

游戏活动之所以会与祈吉、驱邪、占卜和禁忌等信仰习俗发生密切的关系，主要是因为这些游戏活动在行为方式上大都具有与现实生活中的某些活动相类似特征的缘故。比如，中国古代很多地区都有抛石球的游戏，石球被抛到某人身上，某人就会感到非常高兴，认为来年会有好运降临。这是因为抛出石球并击中某人身上，与现实生活中幸福、吉祥的好运突然降临到某人身上的现象有着一定的类似性，因此二者之间就会产生某些巫术意义上的联系。某些游戏之所以会演变成为祈吉、驱邪、占卜和禁忌等巫术性活动，与这些游戏行为方式上的偶然性也有很大的关系。许多游戏都是具有竞赛性的，也就是说它们有胜负之分。但是竞赛的结果又常常不可预料，它们带有很大的偶然性成分。这种情况与现实生活中某些事情的发展势态、某个人的前途命运的不可预料性十分相似，因此它们经常被用于祈吉、驱邪，特别是占卜。

我国古代的拔河游戏，就经常成为古人借以祈吉、禳灾的手段。《隋书》云："钩初发动，皆有鼓节，群譟歌谣振惊远近，俗云以此厌胜，用致丰穰。"① "牵钩"是古人对拔河的称谓，这种游戏在当时经常是被用来"厌胜"的，即用它来压制邪祟，祈佑丰收。唐代，拔河之戏也经常被用来作为祈求丰收的一种手段。唐玄宗在《观拔河俗戏》云："俗传此戏必致年丰，故命北军以求岁稔。诗云：'北徒恒贾勇，拔拒抵长河，欲练英雄志，须明胜负多……预期年岁稔，先此乐时和'。"② 可见，唐代的许多帝王们也都认为拔河是可以祈祷丰收，以利农事的。究其原因，大概是因为拔河之戏进行时生机勃勃，气氛热烈的缘故。古代拔河时要敲起大锣大鼓，参与者们拼命使力，观赏者们则呐喊助威。这种声势和气氛，常被人们看成是一种无形的力量，可以驱除邪祟，弘扬正气，因此人们便以为只要进行了拔河之戏，生产便会获得丰收。

中国古代有的地方还有利用游戏来祈求生男孩的习俗。旧时长江中下游地区有一种传统的儿童游戏活动，叫作"牵郎郎"。玩耍时儿童们相互扯着衣裙，一边踏着瓦片，一边口中唱道："牵郎郎，拽弟弟，踏碎瓦片不着地。"明代陈沂在他的《询刍录》中首次记录了这一童谣，并说道："牵者郎郎，拽着弟弟，多男子也。踏碎瓦、禳之弄璋。止衣裾、禳之以衣裳。不着地、禳之以寝床。无非男也。古人虽儿童相戏。亦有此理。"③ 其中特别是"踏碎瓦片"这个游戏动作很有意思。古代称生男为"弄璋"，称生女为"弄瓦"，意思是生男珍贵，生女低贱。"牵郎郎"游戏中将瓦片踏碎，其寓意是

---

① ［唐］魏徵：《隋书》，中华书局，1973 年版，第 897 页。
② ［清］彭定求：《全唐诗》，中华书局，1960 年版，第 32 页。
③ ［清］杜文澜：《古谣谚》，中华书局，1958 年版，第 640 页。

不要"弄瓦",那么当然是"弄璋",即生男孩。
由此可见,这种游戏方式实际上带有十分鲜明
的巫术意图,它们已经演化成古人为了求子而
开展的一种宗教性风俗活动。

中国古代利用某些游戏活动来实现一定
的驱邪禳灾目的的情况也非常多见,其中较

放风筝常常被古人
赋予驱邪遂疫的宗
教意义,放出去的
风筝必须剪断牵线,
让它飞走。这是一
种原始巫术的表现。

为典型的是放风筝。放风筝本是一种具有很强娱乐性的节令性游戏活动，但是古代的放风筝又经常成为一种祛邪巫术，与人们的"放晦气"观念联系在一起。在小说《红楼梦》七十回中，有一段关于林黛玉与众姐妹放风筝的情节，颇有代表性地反映了这方面的情况：林黛玉舍不得将风筝放走，此时李纨便说："放风筝图的是一乐，所以又说放晦气，你更该多放些，把你这病根儿带了去就好了。"后来紫鹃等人也说过放风筝带走晦气或带走疾病的话。不管风筝如何好看，最后都必须剪断牵线，让它飞走。其实，放风筝只是一种普通的游乐活动，并不可能具有放晦气或祛除疾病的作用。但是在古时候，由于人们长期处于生产力低下、科学不发达的状态，无力抵御疾病和各种自然灾害的侵袭，也无法解释造成人类贫穷困苦的真正原因，因此只能乞求于巫术和宗教，企图用放风筝等游戏行为来驱除现实生活中的灾祸和苦难。

藏族地区旧时对放风筝的时间、季节都有严格规定，当地民间有一种说法，即如果不按照规定在八月里放风筝，就会对明年的农牧业不利。很显然，这种风俗也是由于人们将放风筝看作一种巫术性活动，会对生产、生活具有重要影响而形成的。

荡秋千、斗石头等游戏活动，在古代也经常具有一定的巫术意义，如古人认为荡秋千可以"摆疥"，即祛除疾病，禳解疫疠；斗石游戏在台湾等地非常盛行，陈盛韶《问俗录》："元旦日，两村相率斗石为戏，起自幼童，厥后父兄俱至。始不过十余人，后乃数百人。"人们举行这样大规模的游戏活动，一方面是为了玩耍嬉乐，另一方面还有一个重要目的，就是驱逐疫鬼。人们认为进行了斗石游戏，就可以求得终年无灾无病。甚至有些人在斗石游戏中被掷伤出血，家人却不以为忧而反以为喜，认为这样疫鬼便不敢再来侵犯，人就会永远健康太平。

游戏被用于占卜的情况，在中国古代社会中更是非常多见，其中尤以骰子类占卜活动最为盛行。由于掷骰子游戏具有很大的偶然性，其结果常常难以预料，因此骰子游戏在古代经常被人们用来当作占卜的手段。据《宋稗类钞》记载，北宋时期的章德象饱有才学，但官仅洪州知府，常常郁郁而不得志。在一次宴会上，大家玩起了掷骰游戏。他手拿骰子心中默默祈祷道："假如将来能当上宰相，此骰掷出将成贵彩。"一掷而得佛面浮图（贵彩），心中大喜，于是便将这副骰子珍藏起来。后来他果然入京为相，这副骰子也一直保留在他的身边。

骰子不仅经常被用来占卜个人前途，而且也经常被用来占卜国家命运。《晋书·慕容垂载记》记载，十六国时期，前燕国被前秦所灭，前燕宋室慕容宝作为亡国奴被强迫迁至长安，但他念念不忘国破之耻，时时思欲复兴。在一次私人宴会上，有樗蒱助兴，慕容宝手拿骰子心中暗暗发誓说："世云樗蒱有神，岂虚也哉！若富贵可期，频得三卢。"[①] 于是连掷三次，尽为卢（卢为樗蒱中最高之彩）。后来慕容宝果然逃出长安，建立了后燕国，这就是中国历史上有名的"五木之祥"。

用骨牌、骰子来占卜个人婚姻、胎儿性别的事例，在中国古代也并不少见。据明代陆容《菽园杂记》记载，江苏昆山县有一姓夏的士绅，

---

① ［唐］房玄龄：《晋书》，中华书局，1974 年版，第 3080 页。

与处州卫一指挥为旧亲。指挥欲娶夏氏女为媳，但女方的祖父不肯应允。后来祖父用骨牌为令，对求婚者说，如果摸牌得天地人和四色皆全，即同意成婚。后来指挥一摸，恰好是如此，于是便实现了这桩婚事。同书中还记载了一个用骰子来占卜胎儿性别的故事。说是江苏太仓县的曹用文、查用纯两人平素关系十分友好，两人之妾也恰巧同时怀孕。在一次酒宴上，两人相约以骰为卜，假如他们掷出的骰子六子皆红，那么就会生一男一女，两家即可结为亲家。结果他们掷出的骰子果然六子皆赤，后来查妾生男，曹妾生女，于是查子入赘曹家为婿。

除了用骰子占卜以外，其他很多游戏活动在古代时也经常被当作占卜的方式。唐段成式《酉阳杂俎》云："帝汉武帝兵曾至其国，每至元日斗牛马驼，为戏七日，观胜负，以占卜一年羊马减耗繁息也。"①清代北京人喜玩以小钱打寺钟之眼，"打中者以为祥瑞"。台湾儿童有"打仔"之戏，玩时互相以石相击，其意是"以此胜负卜一年之兴衰"。总之，中国古代许多游戏活动，经常被用以占卜，这主要是由于这些游戏行为方式上的偶然性。

体现游戏活动与宗教、巫术风俗之间密切关系的另一种表现形式，是游戏活动中的大量禁忌行为。游戏禁忌并不是一种具有科学意义的保护性措施，而仅仅是一种宗教性的巫术手段。例如，中国古代许多地区都有一些专门从事斗鸡游戏的帮派，这些帮派中有许多关于斗鸡方面的禁忌习俗，如有的忌个人私自卖掉斗鸡，忌个人私自把斗鸡转让给别人，有的忌个人私自宰杀斗鸡，等等。如果斗鸡在竞斗中斗死，必须将鸡头、鸡腿送交原主（饲养该鸡的人）。

---

① ［唐］段成式：《酉阳杂俎校笺》，中华书局，2015年版，第450页。

帮派之间可在一起比斗,但互相不掺连鸡子,这被称作"过斗不过鸡";而帮派内部则正好与此相反,实行"过鸡不过斗"。斗鸡坑旁禁忌拍手叫好、禁忌大声喝彩,否则就会引起纠纷,甚至械斗。

斗鹌鹑、斗蟋蟀等游戏活动中,也有许多禁忌风俗,如斗鹌鹑时忌讳一旁有物影摇动、忌讳有声响,否则将吓到鹌鹑,使之怯场;斗蟋蟀则忌养扁头蟋蟀。

放风筝的游戏活动由于与"放晦气"的巫术观念有关,因此也存在着许多禁忌。其中最普遍的就是放出去的风筝不能再收回来,否则将被视为不吉利。旧时在上海郊区一带,如果放出的风筝或者放风筝用的断线落到谁家的房屋顶上,也会被看作是不吉利的,必须用"猪头三牲"来祭祀消灾。北方地区民间大都也有这样的风俗,要是谁家的房顶上落下了风筝,便要采用各种祭祀或巫术性的手段来进行禳解。

中国古代游戏活动中的禁忌习俗,反映了当时十分浓厚的迷信观念,这种观念只有到了科学技术高度发展、生产力水平极大提高的现代社会之中,才会逐渐得以消除,也只有到了现代社会,各种游戏活动才能真正去掉蒙在它们身上的宗教性迷雾,完全变为科学、健康、有益的娱乐性文化活动。

玩物丧志或因戏得福

　　游戏作为一种娱乐文化行为，本身并不具有功利性，因此它在人们社会生活中不可能占有重要的地位，对于人们的社会生活也不会产生很大的影响。但是从中国古代游戏史上的一些实际情况来看，其实有相当一部分游戏活动由于这样或那样的原因，对人们的社会生活产生过重要的影响。它们有的甚至影响到了国家的前途命运、治乱兴衰；有的影响到了个人的安危祸福、荣辱得失；有的影响到了家庭的贫富；有的影响到了婚姻的成败。

　　游戏活动之所以会对社会的各个方面产生重要影响，与游戏本身的性质以及游戏者的特点等都有很大的关系。游戏活动大多具有一定的技能性，它是对人的某种能力、才艺的表现方式，因此，很多游戏活动经常会引起社会上各种人物的注意和兴趣，由此而产生广泛的社会效应。某些游戏者也经常会因为具有某种高超的游戏技能而受到社会的追捧，获得很高的社会地位和社会声誉。游戏活动又大多具有一定的竞赛性，它要求游戏的双方必须经过一番竞赛、争斗才能分出高低和胜负，这就经常会使人们在游戏时产生矛盾，引起摩擦。有些人虽然自身并不直接参与游戏活动，但由于他们对于某些游戏活动的态度、评价各有不同，因此他们的行为方式也经常会格格不入，以致造成各种各样的冲突。游戏活动的赌博性也经常成为游戏产生重大社会影响的一个重要原因。中国古代很多游戏活动在不同程度上都带有赌博的性质，它们或可使人获得巨大的财富，或可使人遭受重大的经济损失。这种钱财上的输赢当然会使游戏对于游戏者本人，以及对于整个社会产生重大的影响，致使游戏者以及与游戏有关的各种社会群体的生活情况发生很大的变化。

　　游戏作为一种娱乐活动的方式，本身还有一个重要的特点，即它的交际性。游戏往往会给游戏者们创造一种特殊的交际条件，使人们可以在游戏中相互认识、建立关系，同时也可以在游戏中交流思想、联络感情。总之，游戏常常成为人们进行社会交际和思想交流的手段，出于这样的目的而举行的游戏活动，当然也就带上了十分鲜明的社会性。

　　由此可见，由于游戏本身所具有的技能性、竞赛性、赌博性和交际性等方面的特点，某些游戏活动常常会对人们的社会生活产生重要的影响，这些游戏活动的功能、意义、作用等等往往已经超出了娱乐的范围，而是拓展到了社会地位、社会交往、社会利益分配等诸多领域。

　　由于游戏者方面的因素使游戏产生重要社会影响的情况，在中国古代游戏史上也大量存在。古代有很多游戏者是社会名流，如高官、大儒、名道名僧等，许多皇后、嫔妃也十分热衷于加入游戏的行列，特别是由于封建时代中集政治、军事、文化、宗教大权于一身的皇帝经常频繁地参与游戏活动，致使中国古代的诸多游戏产生了很大的社会影响。

一　六博与"七国之乱"

　　据《史记·吴王濞传》记载，汉景帝刘启当太子时，很喜爱玩六博。有一次吴王刘濞的太子（刘贤）到长安觐见，入宫陪刘启下起六博来。吴太子的师傅都是楚人，素来任性骄横，吴太子的脾性也深受他们的影响。在六博中，吴太子与刘启争执起来，刘启盛怒之下，提起博局一下子把吴太子打死在地。吴太子死后，尸体被运回吴国，吴王气愤地说：我们也是皇帝的宗室亲族，儿子死了，就葬在京城中好了，何必还要将他运回来。后来总算把吴太子葬在了长安。但是从此吴王心中一直耿耿于怀，称病不上朝。后来吴王勾结了楚国等另外六个国家，于公元前154年发动了历史上有名的"七国之乱"，与刘家王朝反目成仇。本来六博只是一种聊以消遣的游戏，与国事、政事毫不相干，但是因为玩六博的双方都是国家要人，他们的行为举止会对国家命运产生重要的影响。

在辽、金时期，也发生过权贵之间因游戏而闹矛盾，导致两国之间发生战争的情况。据《松漠纪闻》记载，辽道宗末年，政治日渐腐败。当时的女真族还是在辽的统治之下。有一次女真族首领完颜阿骨打到辽京城朝觐并贡献方物，事后入宫与辽贵人玩起了双陆游戏。辽贵人掷彩不好，但却仗势欺人，执意要行棋，惹得完颜阿骨打大怒。他拔出随身佩刀向辽贵人刺去，后经人劝阻，总算避免了一场悲剧。但阿骨打从此十分仇恨辽王朝，他任女真族部落联盟首领后，很快发动了讨伐辽国的战争，并将辽国消灭，报了宿仇。

以上两个故事都说明了游戏能够引出政治纠纷和军事战争的事实，这是与游戏那种竞争的特点以及玩游戏者的身份密切相关的。六博、双陆等游戏形式，都是一种具有竞争性的活动，谁的技能高，本领强，谁就能获胜。游戏活动的这种竞争性经常会导致游戏者们急于求胜的心理，有时还会将求胜欲望与个人的名誉、地位、感情、意气等等问题相联系。因此在游戏时便会有各种争强斗胜，引发个人恩怨的情况发生，其后果往往就是引出许多的纠纷和矛盾。特别是当游戏者的身份是皇帝、权贵等掌握国家命运的统治者时，这种因游戏而引起的个人恩怨更是常常会导致国家之间的政治纠纷和军事冲突，会给整个国家、整个民族带来重大的损失。

利用游戏来做政治交易的情况，在中国游戏史上也十分常见。其中最典型的就是臣子们经常在游戏活动中利用各种方式来讨好君王，拍君王的马屁。据《南史·韦睿传》记载："曹景宗与睿会，因设钱二十万官赌之。景帝掷得雉，睿掷得卢。遽取一子反之，曰'异事'，遂作塞。"[1] 按樗蒲的规则，掷得卢者为最贵彩，雉则次之，但是韦睿为了要讨好曹景宗，便说："怪事，没掷好。"于是重新掷出塞，输给了曹景宗。

又如，西魏重臣王思政在协助北周宇文泰创立大业的过程中立过许多功劳，但因他不是宇文泰的旧部，宇文泰未将他视为心腹，为此他常常深感不安。在一次樗蒲游戏中，轮到王思政掷骰，他跪地发誓道："我决心尽心效力以报知遇之恩，如神灵有知，暗中保佑我掷骰成卢，如不成卢，我愿杀身以明心迹。"一边说着，一边拔出佩刀放在膝上，以表决心之坚。结果他掷出的骰子果然成卢，于是宇文泰便将他视为自己的知己和忠臣，并对他委以重任。

不仅臣子们经常利用游戏形式来讨好君王，很多君王也经常利用游戏的方式来拉拢臣子，以使臣子们更好地为其尽忠效力。南朝

---

① ［唐］李延寿：《南史》，中华书局，1975年版，第1430页。

宋文帝曾在长江之滨的临江宫大会群臣，赐予金钱，让大家聚赌取乐，以此来收买人心、拉拢群臣。宋明帝刘彧，在消灭了晋安王刘子勋等诸王叛乱后，为了慰劳和感谢平叛有功的将领，在建康新亭楼大会诸将，设樗蒲官赌。北周的宇文泰曾与群臣宴集，将数千匹绫绢和梁朝贡献的玛瑙钟等作为赌注，令群臣樗蒲，并宣称"能将樗蒲投子成卢者即与之"。东西赌完后，宇文泰又将自己身上所佩的金带解下作为赌注，继续作乐。

很明显，在这些事例中，封建时代的君王和臣子们都是利用了游戏的方式来达到拉近君臣关系的目的。在他们那里，游戏已经不是一般的娱乐，而是成了一种为了实现某些政治意图所采取的手段。君王拉拢群臣，主要是为了使其更能拥护君王的政权，维持其长久的统治；臣子讨好君王，主要是为了更好地表现出拥护君王的态度，使得君王对自己更为赏识和信任。诸如此类的政治目的，如果通过一些直截了当的语言或者行为表现出来，就会显得十分庸俗和轻率，然而通过一些游戏的方式婉转而巧妙地表达，就显得十分得体和隐蔽。于是，在中国古代社会中，游戏常常成为某些人为了达到某种政治目的而采用的手段。

利用游戏来进行政治斗争，或者发表某些政治见解的现象，在古代社会中也十分常见。据《紫薇杂记》记载："熙宁间，神宗与二王打毬子。上问二王欲赌何物，徐王曰：'臣不别赌物，若赢时，只是罢了新法'。"[1] 这是一个利用游戏来反对新法的故事。北宋神宗时，宰相王安石看到了当时政治制度和经济制度上的许多弊病，

---

[1] ［宋］吕本中：《紫微杂记》，中华书局，2019 年版，第 1189 页。

提出了"青苗法"等一系列变革措施。这些措施有利于发展农业生产，又可使政府增加收入。但是这些变革措施触犯了地主、商人和官僚贵族们的利益，故遭到了他们的竭力反对。由于当时宋神宗支持变法，地主商人和官僚贵族们无法达到废除新法的目的。于是他们便利用与神宗皇帝玩球的机会，提出废除新法的意图，当然神宗后来并没有听从他们的意见。由此可见，古代许多游戏活动中，蕴藏着深远的谋略和心计。

同样的情况在晋代的贵族中也发生过。据《晋书》记载："（刘裕）于东郡聚樗蒲大掷……余人并黑犊以还，唯刘裕及毅在后。毅次掷得雉，大喜，褰衣绕床，叫谓同坐曰：'非不能卢，不事此耳。'裕恶之，因接五木久之曰：'老兄试为卿答。'即而四子俱黑其一子转跃未定，裕石声喝之，即成卢焉。"① 刘裕和刘毅都是东晋末年的风云人物，他们共同打败了篡夺帝位的桓玄，但两人之间又经常争权夺利，互相倾轧。在玩樗蒲游戏时，他们把平日对对方的意见和不满都发泄到了樗蒲身上，并利用樗蒲的胜负来互相攻讦，明争暗斗。

由于历来奉行迂腐的忠君思想，所以，古代大臣们对于君王是不能随便提意见的，即使一定要提意见，也大多不能"直谏"，而只能采用一些设譬作喻的方式来委婉地向君王说明。这些譬喻中也有相当一部分是利用了游戏的形式。因为游戏是一种娱乐性活动，又具有很强的交际性，以游戏来设譬作喻，既隐蔽又亲切，所以经常被古代的一些大臣们用来作为向君王说明某些事理的手段。例如

---

① ［唐］房玄龄：《晋书》，中华书局，1974 年版，第 2210-2211 页。

春秋时期，晋国国君灵公为政腐败，生活骄奢，国库空虚，引起了民众不满。晋灵公对于民众的意见不但不予采纳，而且还宣称要将敢提意见的人全部斩首。大臣荀息听说此事后，上书要求觐见。进宫后，他在晋灵公面前玩起了叠棋子的游戏。他将六博棋12枚逐个重叠起来，然后再在上面叠9个鸡蛋。越叠到高处，越显得摇摇欲坠。晋灵公在一旁看着，十分紧张，口中连声说："危哉！危哉！"荀息此时便乘机告诉灵公说，这还不算危险，现在国库空虚，人民积怨，国家将亡，才是真正的危险呢！灵公听了，才认识到自己错误的严重性，于是便幡然悔悟，纠正了许多于国于民不利的事。

这样的事例在唐代也发生过。唐代女皇武则天要想立侄儿武三思为太子，宰相们惧怕武则天，都不敢表态。只有狄仁杰反对，他主张立李显为太子，武则天怒而未能采纳。一天晚上，武则天做了一个梦，梦见自己与仙子玩双陆游戏屡战屡败，醒后请狄仁杰来圆梦。狄仁杰说，双陆不胜，是因为宫中无子（按双陆棋规，宫中无子便要算输），这是上天之意，借此以示陛下，太子是天下之本，怎能一直虚其之位呢？武则天听后，终于醒悟，于是便立李显为太子。在这些事例中，臣子们都是巧妙地利用了游戏的形式或游戏中的某些特点，委婉地向君王们提出自己的意见，说明自己的观点。在这些事例中，游戏的作用都已超出了一般的娱乐范围，扩展到了说明事理、发表政见等方面。

中国历史上还有许多因游戏而发生屠戮惨案的情况。如据《剪胜野闻》记载，明洪武时期，社会上盛行灯谜游戏，每逢元宵节，人们便要将各种谜语拿出来，写在家门口的灯笼上以供游人猜玩。

有一次明太祖朱元璋在元宵节那天兴致忽起，微服出行观灯取乐。街上有一处灯谜画了一个赤脚的妇人，怀抱着一个大西瓜，人们猜不出是什么意思。不料朱元璋看了大怒，因为他的马皇后是淮西人，他本人幼年又当过和尚，便怀疑这"怀西瓜"是隐喻"淮西"，又"用西瓜"隐喻光头。于是第二天便下令大戮其民。一项民间游戏娱乐活动竟招来了一场飞来横祸，这就是历史上有名的"灯谜狱"。

由此可见，游戏虽然是一种娱乐性文化活动，但是它对于中国古代社会中的国事政事经常会产生重要的影响，许多游戏活动会成为一种确立某种社会关系，达到某种政治目的，或者进行某种政治交易的手段，这充分说明了中国古代的娱乐文化与政治生活之间的密切联系。

二　游戏的铺张与挥霍

游戏对于中国古代社会的重要影响，还主要表现在经济方面。中国古代王公贵族玩的许多游戏活动，大多场面盛大，排场铺张，这些奢华挥霍的游戏活动，浪费了大量的社会财富，给当时社会的经济造成了重大的损失。例如藏钩这种本来十分简单的游戏活动，平常百姓们玩起来只不过是将一只普通的银钩藏在某处，供一两个人猜玩寻找而已。而在宫廷中进行的藏钩游戏，其排场和规模远非民间所能比。它们一般都要有几十人，甚至上百人参加。游戏者们身穿绮丽的服装，分成各式各样的队伍，游戏时要拿出各种各样贵重的猜玩之物，赢者还可以得到黄金、元宝、彩缎等重奖。如唐代敦煌写本中的《宫廷词》描写道："欲得藏钩语少多，嫔妃宫中任相和。每朋一百人为足，遣赌三千疋彩罗。"一次藏钩游戏，就要玩掉 3 000 匹彩罗，这是何等奢侈的游戏！当时敦煌民间五匹熟绢就能买一个姑娘，那么这 3 000 匹是怎样的一个巨大数字，也就可以想见了。

唐代时期开始盛行的马球游戏，其铺张挥霍的程度也非常高。马球本是一种贵族阶层玩的游戏活动，它要求有精良的马匹和器具，这些东西很多都是从波斯等国进口而来，其价格十分昂贵。贵族们在打马球时所穿的服饰一般也都十分华丽。他们玩马球，一方面是为了娱乐，另一方面则是为了炫耀，因此唐代打马球的贵族们大多不惜花重金来穿着打扮，并把自己的马匹、球具装点得非常漂亮。唐代的打马球游戏后来又演变成为一种宫廷表演，有许多嫔妃、宫女参加，其铺张、挥霍的程度当然更是可想而知。据《新唐书·郭知运传》记载，唐时宫中的女伎经常乘驴击球，"日无虑数十万费，以资笑乐"；《资治通鉴》还记载，唐昭宗时，吴王杨行密的儿子杨渥在居丧期间，"昼夜酣饮作乐，燃十围之烛以击球，一烛费钱数万"。单单一支蜡烛的价钱，就要上万元，可见贵族阶级为了自己的玩乐，铺张浪费到何等的程度。这样的游戏消费，当然会给当时的社会经济造成重大的损害。在封建社会中，生产水平低下，人民群众的生活艰难困苦。特别是连年的战乱和灾荒，经常将大量的贫苦家庭推入食不果腹、衣不蔽体的苦难境地。但是封建社会中的统治者们却经常对此置若罔闻，他们生活腐化，纵情享乐，不惜将大量的钱财花在自己喜爱的声色犬马、游戏娱乐之中，而对人民群众的苦难生活，却不肯多花一分钱。

六博、樗蒲、双陆、马吊、麻将等博戏活动，由于其输赢结果都要以钱财来兑现，因此最容易造成极大的挥霍和浪费。古代很多贵族们的赌资经常高达上千甚至上万。据《世说新语》记载："桓宣武少家贫，戏大输，债主敦求甚切，思自振之方，莫知所出。陈郡袁耽，俊迈多能，宣武欲求救于耽……遂变服，怀布帽，随温去，与债主戏。耽素有艺名，债主就局曰：'汝故当不辨作袁彦道耶？'遂共戏，十万一掷，直上百万数，投马绝叫，旁若无人。"这种贵族间的樗蒲赌博其赌资之巨大真是令人咋舌，掷一下骰子就是十万，一场的赌资竟可达到几百万，这样的游戏开支只有垄断社会财富的大贵族们才能承受。《南史·颜师伯传》中也有相类似的记载："孝武尝与师伯樗蒲，帝掷得雉，大悦，谓必胜。师伯复得卢，帝失色，师伯遽敛子曰：'几作卢'。尔日，师伯一输百万。"这次游戏虽然是为了讨好君王而做的假戏，但其结果却是真真实实地输掉了数以百万计的钱财。

斗蟋蟀、斗鸡鸭之类的游戏活动，虽然都是些连儿童们都可以玩的小技，但是变成赌博以后，其输赢数目也是很大的。如《清稗类钞》记载，唐天宝年间，长安人斗蟋蟀成风，富贵之家"镂象牙为笼而蓄之，以万金之资，付之一喙"。[①] 一次斗蟋，输赢即达万金。唐僖宗素喜斗鹅，他蓄养的斗鹅有值 50 万钱一只的，与诸王斗鹅时，一次输赢

---

① ［清］徐珂：《清稗类钞》，中华书局，2010 年版，第 4916 页。

可达数千缗钱。这些都是有史记载的豪赌事例。

中国古代许多挥霍铺张的游戏活动所造成的结果，便是大量的社会财富被浪费在一些无足轻重的玩乐活动中，它们既无益于社会经济的发展和人民生活水平的提高，也无益于社会正常娱乐活动的开展，它们只能给社会造成不幸和灾难。中国历史上有无数人因为在游戏中输钱而家破人亡，有无数人因为在游戏中输钱而流落街头，衣食无着。明沈德符《野获编》云："近日吴越浪子，有酷好此戏。每赌胜负辄数百金，至有破家者。"① 近人张亮采《中国风俗史》亦云："唐代除斗鸡走马外，养鹰之事，亦盛行于俗间……游闲公子，流连忘返，因之倾家荡产，或大启斗争者，屡见不一，竟与无业游民之斗鸟、斗蟋蟀同为敝俗焉。"在这些记载中，作者们都看到了游戏赌博给人们生活带来的严重危害。不当的游戏方式会使人们财尽钱绝，倾家荡产，最后甚至铤而走险，发生偷盗犯罪等严重事件。

有些游戏活动虽然没有钱财上的输赢，但是它们是利用其他的东西来代替钱财，其性质是属于一种变相的赌博。如《太平广记》记载："因命仁乐与昌宗双陆。狄拜恩就局，则天曰：'卿二人赌何物？'狄对曰：'争三筹，赌昌宗所衣之毛裘'。"② 这场双陆虽然赌的是皮大衣而不是钱，但张昌宗这样的贵族所穿的皮大衣一般都是贵重之物，其价值也肯定不菲。

① ［明］沈德符：《野获编》，中华书局，1959 年版，第 625 页。
② ［宋］李昉：《太平广记》，中华书局，1961 年版，第 3267 页。

三　因戏得官与以戏选夫

　　游戏不但对于中国古代社会的政治、经济和思想方面都具有重要的影响，而且对中国古代社会中个人生活的各个方面，也经常会产生重要的作用。古代社会中有许多人，往往是因为善于某种游戏而飞黄腾达，做上了高官或者发了大财；古代社会中也有许多人，往往是依靠着偶尔一次的游戏机会而娶得佳偶，或者觅得贤婿。总之，游戏在古代人的日常生活中，经常会具有决定一个人的前途命运，或者影响一个人的荣辱得失、祸福安危的作用，经常会为一个人的生活经历中创造各种各样的机遇和条件。游戏对于古代人的社会生活各方面之所以会产生种种重要的影响，主要的原因是在于社会上对某些游戏活动的高度看重。前文已阐明，游戏大多是一种技能性活动，通过它经常可以表现出一个人的才能、智慧和技艺。因此，当一些人因善于某种游戏而出名的时候，他们便会受到社会的尊重、崇敬、爱戴和追捧，从而便会获得较高的名利待遇。游戏又是一种具有交际性特点的活动，人们通过游戏，可以结识朋友、拉拢关系、沟通情感、交流思想，因此一些善于游戏之人，一般也总是交游广泛，朋友众多，这为他们在生活上寻取各种各样的机遇，获得各种各样的利益创造了很好的条件。游戏的交际性也为人们解决各种各样的矛盾创造了一定的条件。人们在生活中遇到的许多棘手的纠葛和问题，也许就能够通过一盘棋、一场球的较量便可得到顺利解决，这足以见出游戏在人们日常生活中所具有的特殊作用。

在中国古代历史上，有着很多因游戏而得到官爵的事例，充分说明了游戏对于某些人前途命运方面的重要作用。例如，据《汉书·宣帝纪》记载：汉代杜陵人陈遂是汉宣帝刘洵当平民时的好友，他常陪这位落难的皇曾孙玩六博，在游戏中还输了不少钱给刘洵。后来刘洵当了皇帝，立即任命陈遂为太原太守；又如《宋书·羊玄保传》记载：刘宋时的羊玄保善于弈棋，宋文帝刘义隆召之对弈，并约定如果羊玄保胜了宋文帝，宋文帝就封他为郡太守。后来羊玄保果然胜了，于是便获得了宣城太守这一美差。

古代女子社会地位低下，更不能执政为官，但是也有一些女子却因为善于某种游戏技艺而获得官职。如据《南史·东阳女子娄逞》记载，当时浙江东阳有个女子叫娄逞，她精通棋艺，为了能与上层社会的士大夫们交流棋艺，她"变服诈为丈夫"，女扮男装，遍游公卿，并经常战胜他们，于是便当上了扬州议曹从事。后来此事被齐明帝发觉，"驱令还东"，娄逞穿好妇人服后离开时还叹道："如此之伎，还为老妪，岂不惜哉！"①

唐代是中国古代游戏十分繁荣昌盛的时期，各种游戏活动都开展得十分红火，统治阶级对于游戏活动也非常爱好，因此游戏的社会地位很高，许多善于游戏的人都经常可以获得高官。其中较为有名的就是杨国忠。据《新唐书·杨国忠传》记载：杨国忠并无真才实学，但却因为善于樗蒲而深得唐玄宗的赏识和宠幸。他先是被任命为金吾兵曹参军、闲厩判官，专门为玄宗管理赌账。他在这方面是个行家，其计算准确无误，分毫不差。玄宗称他为"度支郎（专管财政的官员）"。

---

① ［唐］李延寿：《南史》，中华书局，1975 年版，第 1143 页。

加上他与杨贵妃的兄妹关系，由此他的官运也更加亨通，逐步爬上了宰相的高位。但他本是一个贪图富贵之人，当上宰相后结党营私、货赂公行，后来终于引发了历史上有名的"安史之乱"。

唐代因善于踢球、弹棋而得官的也大有人在。据《资治通鉴》记载，唐僖宗广明元年三月，田令孜奏以陈敬瑄、杨师立、王勔、罗元杲四人镇三川，[①]僖宗叫四人击球比赛，谁得第一名就任谁以高职。后来陈敬瑄获得第一，于是僖宗就任他为四川节度使。唐顺宗喜欢弹棋，在他未即位时，经常与吉达、高铢等人进行弹棋游戏。后来唐顺宗当上皇帝以后，吉达、高铢等人都得到官职，并成了唐顺宗的心腹。

五代时的李存贤，则是依靠自己善于角抵的本领而获得了官位。据《旧五代史·李存贤》："存贤少有材力，善角抵。初，庄宗在藩抵，每宴，私有王郁角抵斗胜，郁频不胜。庄宗自矜其能，谓存贤曰：'与尔一搏，如胜，赏尔一郡。'即时角抵，存贤胜，得蔚州刺史。"[②]

在依靠游戏而得到高官、爬上高位的事例方面，大家最为熟悉的恐怕就是宋代的高俅了。《挥麈后录》卷七记载：高俅本是一个出身低贱之人，因他善于蹴鞠，深得皇帝的宠信，后来终于爬到太尉的位置，"值王在园中蹴鞠，俅睥睨不已。王呼来前曰：'汝亦解其伎邪？'曰：'能之。'漫令对蹴，遂惬王意……由于日见亲信……，循至使相，遍历三衙者二十年，领殿前同职事"。[③]这一事实，在小说《水浒传》中也有所提及。

① 三川：唐中叶后以剑南东、西川及山南西道合称"三川"。
② ［宋］薛居正：《旧五代史》，中华书局，1976年版，第722页。
③ ［清］俞樾：《茶香室丛钞》，中华书局，1995年版，第1040页。

当然，在中国历史上也不是每个人都能通过游戏来获得官位，发迹起家的，这与当时社会条件和个人条件都有很大的关系。哪个时代中游戏活动盛行，哪个时代中人们对游戏活动感兴趣，哪个时代中通过游戏而得到官职的情况就多，这是由于这些时代中游戏具有较高的社会评价的缘故。特别是哪个时代中的皇帝如果喜爱游戏，那么那个时代中通过游戏而当官的人也就会明显增加。在封建社会，皇帝的好恶常常可以决定一切，皇帝如果喜欢游戏，那么他便可以为许多善于游戏的人敕封官爵，或者提供各种优惠的条件。从个人来看，一些善于拍马、奉迎的人，往往最容易得到上司的赏识。在他们那里，游戏只不过是一种接近上司，取得上司信任的手段，其真实的目的，还是为了做官。当然，中国历史上也不乏许多善于游戏之人出于并不自愿的原因而不得不当官的。

历史上也有许多因为游戏方面的原因而被贬官，甚至招来杀身之祸的情况，如初唐四杰之一王勃获罪贬官，就是缘于斗鸡之故。王勃6岁便善文辞，未冠，应举及第，授朝散郎。沛王闻其名，召署府修撰。当时诸王热衷于斗鸡游戏，沛王与英王斗鸡，王勃即撰文《檄英王鸡》。高宗得之大怒曰："此交构之渐。"唐高宗认为他挑拨诸王关系而怒斥于他，于是王勃被逐出沛王府。

比王勃更惨的是唐僖宗时的左拾遗侯昌业。据《资治通鉴》记载：唐僖宗广明元年二月，左拾遗侯昌业因僖宗"专务游戏"，成天沉迷于蹴鞠、击球、斗鸡之中，特冒死上疏极谏："上不亲政事，专务游戏，赏赐无度，田令政专权无上，天文变异，社稷将危，上疏极谏。"① 谁知竟因此而触怒了僖宗被赐死。这些事实充分说明，封建时代帝王们的游戏嗜好，经常会决定许多人的前途命运。迎合帝王兴趣的，便可以高官任做，八面风光；违逆帝王兴趣的，便会遭到贬官斥责，甚至丢掉身家性命。这些事终因游戏而起，因此在中国游戏史上，对于它们也应该专门写上一笔。

游戏不但经常能给人带来官运，而且也经常能给人带来富贵。唐代开元时期的斗鸡小儿贾昌，就是一个依靠斗鸡而大获荣华富贵的典型人物。据陈鸿《东城老父传》记载，唐玄宗由于喜欢斗鸡，觅得了少年斗鸡能手贾昌作为斗鸡的统领，并赐给了贾昌大量的钱财。皇廷中每有斗鸡之事，贾昌都要头戴雕翠金华冠，身穿锦衣绣裤，指挥群鸡相斗于广场之上。由于他精湛娴熟的斗鸡技巧，这个只有 13 岁的儿童身名地位十分显赫。开元十三年（725），贾昌笼鸡三百随玄宗到泰山祭天，贾昌之父死于泰山之下，当他奉尸归葬时，县官特意为他置办丧器、丧车，并派夫役一路护送于洛阳道上。开元十四年（726），贾昌身着斗鸡服，在温泉为唐玄宗表演斗鸡，受到玄宗的百般恩遇。时人为之语曰："生儿不用识文字，斗鸡走马胜读书。贾家小儿年十三，富贵荣华代不如。"② 这样一个年纪轻轻的小儿，却能受到如此之大的宠幸，得到如此多的富贵荣华，其主要依靠的，便是一些区区的斗鸡术。

中国古代还有许多因游戏而促成婚姻大事的事例。据李冗《独异志》卷下记载："王锷为辛京杲下偏裨。杲时帅长沙，一日击球，

---

① ［宋］司马光：《资治通鉴》，中华书局，1956 年版，第 8220 页。
② ［宋］陈元靓：《岁时广记》，中华书局，2020 年版，第 333 页。

驰骋既酣。锷向天呵气，气高数丈，若匹练上冲。呆谓其妻曰。此极贵相。遂以女妻之，锷终为将相。"[1] 王锷因为马球打得好，因而被辛京呆看中，并将妹妹许配给他为妻，这充分反映了当时社会上看重才艺，看重技能的风尚。同样地，古代一些女子挑选丈夫，也经常是用游戏技艺的高低来作为衡量标准。《棋国阳秋》记载："有（八旗）宗室某，善弈，女曰芙卿，传其艺。及笄未字，媒至皆不许。问其意曰：'有弈胜吾者，愿事之。'而京师之能弈者颇夥，一日有三人至。与其父弈，皆胜之。三人者，一齐侍郎子，一金孝廉，一僧秋航也。秋航弈最高，齐次之，金又次之。约翌日女与弈。僧、齐复胜，与金得和局。女曰：'齐大非吾偶，禅心本自空。金兰如有契，白首一枰同。'父遂受孝廉聘。女归后，琴瑟甚笃，尝一枰相对，其乐有甚于画眉者。"女子挑选丈夫，不是看他的地位高低、财产多少，也不是看他的才情优劣、文思钝敏，而是看他的棋艺如何。能战胜自己的，才肯与他成亲。这种选婿、选夫的方式，充分反映了古代某些人在婚姻问题上表现出来的价值观。

利用角抵游戏来选择夫婿的事例，在中国古代社会中也并不少见。《马可·波罗游记》中，曾记载了海都王的女儿以角抵之戏为自己选择郎君的故事。忽必烈的侄儿海都王有个女儿名叫"艾吉阿姆"（蒙语"明月"），此女长相美丽，身手矫健，强勇过人。其角力之术，国中竟无人能敌。其父几次想为她择婿，但她都表示，如果有人能在角力中胜她，则嫁之，否则永不嫁人。父亲只得应允，任其选择所爱的勇士。消息传开后，吸引了许多青年前往比武。根据约定，

---

[1] ［宋］李昉：《太平广记》，中华书局，1961 年版，第 1712 页。

胜者可以娶公主为妻，败者则要赔偿马百匹。数天比赛的结果是，公主已赢得骏马一万，却没有一个人能战胜她。1290 年，帕马尔王的儿子来到了赛场，人们都劝公主让这位王子得胜，了却自己婚姻大事，但公主不肯听从。角力开始，虽然王子竭尽全力，但最终仍被扑倒在地。

诸如此类的故事，在中国古代历史上还有许许多多，它们无不表现了古人对于游戏技艺的重视。在很多人的眼里，游戏成了衡量一个人才华、能力之高低的一个重要方面。

有时候家庭中发生矛盾，或者夫妻之间有所不和，游戏甚至能起到一定的调和作用。据《隋唐嘉话》记载，唐太宗李世民的女儿丹阳公主嫁给了河东薛万彻，他虽然勇武，却无才气。有一天太宗说："薛驸马无才气。"公主听了又羞又气，抱怨薛万彻无能，几个月不愿与他同席吃饭。后来唐太宗请薛万彻下了一盘握槊，并故意输给了他，又将自己身上的佩刀解下给女婿佩上，于是丹阳公主才转怒为喜，从此夫妻和好如初。一场家庭矛盾，就是靠着一盘棋而得到化解，可见某些游戏活动在人们的日常生活中，确实可以发挥意想不到的作用。

古代社会中的某些游戏活动，有时还会成为联结男女爱情关系的纽带。古人的爱情是不能轻易流露出来的，否则便会被视为轻浮。但是爱情作为一种人人共有的情感，往往又难以克制。因此古代人常常会借用一些较为委婉的方式，将藏在内心的爱慕之意表现出来。向所爱之人送上一块方巾、一把扇子，是一种表达爱情的方式，向所爱之人送上一首诗词、一曲歌谣，也是一种表达爱情的方式。某些游戏活动，也经常地被古代男女青年用来表达爱情。例如斗百草活动，本是一种妇女、儿童们玩乐的游戏方式，但是它也经常会成为青年男女之间传递爱情的一种方式。如在古代的敦煌曲子词中，就有一些作品描写了唐代民间的青年男女们一边斗草嬉戏，一边谈情说爱的情景。如斯六五三七、伯三二七一《斗草词》中，第一段说的是姑娘在花林中斗花草时选择了情郎，第二段说的是在斗花草的游戏中男女双方广泛交游，竞相嬉戏，第四段为经过斗草后男女交往定情之词。由于"斗百草"之戏与男女择偶有关，因此这种游戏在唐代民间一直十分盛行。

敦煌歌辞法

　　建寺祈长生，花林摘浮郎。有情离合花，无风独摇草。喜去喜去觅草，色数莫令少。

　　佳丽重名城，争花竞斗新。不怕西山白，惟须东海平。喜去喜去觅草，觉走斗花先。

　　望春希长乐，南楼对北华。但看结李草，何时怜颉花。喜去喜去觅草，斗罢且归家。

　　庭前一株花，芬芳独自好。欲摘问傍人，两两相捻笑。喜去喜去觅草，灼灼其花报。①

　　少数民族中的爱情观念比较开放，他们更是经常要用一些游戏的方式来表达爱情或建立爱情关系。其中较为典型的是哈萨克族的

---

① 任二北：《敦煌曲校录》，山西人民出版社，2018年版，第185页。

"姑娘追"活动。每到夏秋季节,哈萨克族就要在辽阔的草原上举行"姑娘追"游戏。游戏开始后,小伙子和姑娘们双双对对地骑着马向指定地点进发,在途中,小伙子可以尽情地向姑娘倾吐情感,或者逗趣,说俏皮话,姑娘则既不能生气动怒,也不能有反抗的表示,即使羞红了脸也要默默地耐心倾听。但是只要一到指定地点,小伙子便要扬鞭策马急速飞驰往回跑,姑娘则在后面穷追不舍,一边举起马鞭向小伙子拼命抽打,以"报复"小伙子刚才的挑逗和调笑。特别是那些说俏皮话过了头、惹怒了姑娘的小伙子,背脊上少不了要挨上姑娘许多的鞭子。有些小伙子甚至事先就在身上穿上了厚厚的皮袄或背心,以防遭到鞭打时伤及皮肉。很多男女青年都是在这种"姑娘追"的游戏活动中看上了对方,建立了爱情关系。还有一些小伙子本来就是姑娘的意中人,因此姑娘即使追上了他,也舍不得真的去用鞭子抽打他,只是举起鞭子做做样子,掩人耳目而已。

总之,游戏在古代人的日常生活之中,经常发挥着重要的作用。它们或是给某些人带来了升官发财的机会,或是为某些人创造了富贵荣华的条件,或是成为某些人表达爱情、选择配偶的特殊方式。这些都是游戏本身具有的那种技能性和交际性特点所造成的。

四 "天下之恶,莫过于赌"

按现在的标准来看,游戏对于中国古代社会所造成的各种各样的作用和影响,有些是具有积极意义的,它们从一定程度上推动了社会的发展、调和了人际关系；也有一些是具有消极意义的，它们阻碍了社会的发展，浪费了社会的财富，或者造成了某些社会矛盾的激化。总之，游戏对于古代社会的影响既有正面的，也有负面的，对此我们很难一概而论。

中国古代社会中，也曾有很多人对于游戏的社会影响问题发表过意见。这些意见中有的是对游戏给予了肯定和褒扬，也有的则是对游戏给予了否定和批判。但是就总体情况来看，中国古人对于游戏的批判要多于褒扬。中国历来有着重道德修养、重功利实效的文化传统，提倡一个有所作为的人，应该要有治国平天下的远大人生目标，以及立德、立功、立言的理想追求，应该要为国家、社会做出重大贡献，为自己的事业而奋斗终生。这样的思想观念和价值标准，致使中国古代社会中很多人都对游戏持否定态度。他们认为游戏会使人玩物丧志、荒废时间，对于人们建功立业、实现人生目标十分不利。还有很多人更是认为游戏会给社会带来各种危害，如引起社会动荡、道德败坏，造成人的贪婪和争斗、家庭的不和和矛盾，等等。

这些批判性的意见，大多有着一定的合理之处，它们看到了游戏本身以及游戏给社会带来的许多不利因素，看到了游戏与社会之间存在着的许多矛盾和冲突，尤其是当某些游戏活动受到社会上层统治阶层过分推崇的时候，其产生的负面效应和不利后果就会更加严重，会给社会和人民生活带来很大的危害。但是古人对于游戏的批判言论中也有相当一部分有所偏颇。他们大都是以封建时代的道德标准和价值观念来评论游戏的，大多只看到了游戏不利于忠孝节义、人伦道德的一面，而看不到游戏有利于人们建立平等、自由的人际关系，调和某些矛盾的一面；他们大都只看到了游戏会影响事业、前途的一面，但忽视了人的个性发展和兴趣爱好的一面。因此，按现在的眼光来看，这些古代社会中的对于游戏的种种批判言论，本身也不一定都是恰当的。

古人在对于游戏的批判中，最多的是关于游戏费时误事方面的言论。很多人都认为游戏不但没有什么实际功用，而且还可能耽误工作、事业。在《庄子·骈拇》中，记载过一个关于"亡羊"的故事，说是古代有臧和谷两个人一起在放羊，结果两个人都将羊丢失了。问臧在干什么，臧回答在读书；问谷在干什么，谷说正在玩博塞游戏。[①] 在这个故事里，庄子对"博塞以游"的行为是否定的，他认为人们如果把心思都用在了玩游戏上，那么就会耽误正事，以致发生像丢羊这样的影响正常生活之类的事。

如果一个国家中大家都把精力放在了玩游戏上，那么问题就更为严重了，这会影响到整个国家、民族的前途命运，这也是古人对游戏进行批判的一个重要方面。例如，汉代桓宽在《盐铁论》中，把"康庄驰逐，穷巷蹴鞠"的游戏娱乐斥责为"国疾"，认为它们会使国力衰败，人心涣散，甚至遭来灭国之灾，因此主张以法律手段将其彻底取缔。在《战国策·齐策》中，刘向也认为一个地方如果游戏娱乐风气盛行，那么这个地方必将是人心不古，民风不淳，社会风气败坏。

认为游戏有悖于人伦道德，使人不忠君王、不孝父母，也是古人对于游戏持批判态度的一个重要原因，如《孟子·离娄》中将博

---

① 博塞：一般指格五。格五是一种古代流行的中国棋类游戏。又称簿簺、博塞或簺。

塞和围棋之类的游戏活动都视为是不守孝道之举："世俗所谓不孝者五：……博弈，好饮酒，不顾父母之养，二不孝也。"①孟子认为人们如果迷上了博弈之戏，就会耗费大量的精力与时间，无暇去照顾、赡养父母，这便是不孝行为。在这种言论中，我们可以清楚地看到古人在游戏问题上所反映出来的具有鲜明儒家色彩的道德观和伦理观。

我国古代的许多知识分子，素来抱着忧国忧民之忧和报效国家之志，但是他们的政治理想往往难以实现，而且还经常会受到统治阶级的打击和迫害。同时，他们又经常目睹社会上许多游手好闲之徒依靠着微不足道的游戏伎俩而获得高官厚禄、权倾朝廷的事实，心中时有不平之念，因此他们对于游戏的批判，也较多地集中在这些方面。如诗人李白看到唐朝皇帝们对于斗鸡游戏如此地热衷，对于斗鸡之人如此地宠幸，愤懑之情难以抑制，他在《答王十二寒夜独酌有怀》中写道："君不能狸膏金距学斗鸡，坐令鼻息吹虹霓！"诗中对于依靠斗鸡发迹起家、取得极大权势和地位的人物进行了深刻的批判和讽刺。他又在《古风》中写道："大车扬飞尘，亭午暗阡陌。中贵多黄金，连云开甲宅。路逢斗鸡者，冠盖何辉赫。鼻息干虹霓，行人皆怵惕。世无洗耳翁，谁知尧与跖！"作者在诗中愤怒地谴责了依靠游戏发迹当官的社会现象，对于统治者们玩物丧志、不思进取的行为以及由此而产生的危害和影响进行了痛彻的批判。这充分反映了中国古代知识分子高度的社会责任感以及追求正义、憎恨邪恶的精神。

---

① ［清］焦循：《孟子正义》，中华书局，1987 年版，第 599 页。

中国历史上也有一些人是为了安全问题而反对游戏的，如据《封氏闻见记》载："开元、天宝中，玄宗数御楼观打球为事，能者左萦右拂，盘旋宛转，殊可观。然马或奔逸，时致伤毙。永泰中，苏门山人刘钢于邺下上书于刑部尚书薛公云：打球一则损人，二则损马，为乐之方甚众，何乘兹至危，以邀畧刻之欢邪？薛公悦其言，图钢之形，置于座右，命掌记陆长源为赞以美之。然打球乃军州常戏，虽不能废，时复为耳。"[①]刘钢是从保护封建帝王生命安全的角度提出禁止马球游戏的。从打马球的激烈程度上看，刘钢的话确实有一定的道理。但是他的这些话明显带有很强的忠君色彩，主要是出于关心皇帝，生怕皇帝在游戏中损伤龙体而提出的。

中国古代对于女子的游戏活动持批判态度的人尤多，这主要是由于封建礼教对于女子限制甚多的缘故。人们认为女子参加游戏活动，抛头露面，行为有失检点，对维护社会道德和风气十分不利，因此必须禁止和反对。特别是在唐宋时期，妇女游戏活动十分蓬勃兴盛，一些妇女在参加游戏时当众表演，衣着单薄，由此在一些封建卫道士眼里常被视为是淫邪、违孽之举。例如，宋代皇室和民间瓦舍中盛行女子相扑，被司马光视为"裸戏"，他在《论上元令妇人相扑状》一文中对此指斥道："今上有天子之尊，下有万民之众，后妃侍旁，命妇纵观。而使妇人裸戏于前，殆非所以隆礼法、示四方也……伏望陛下因此斥去，仍诏有司严加约束，今后妇人不得于街市以此聚众为戏。"[②]司马光是站在维护封建礼教的立场上来批判

---

① ［唐］封演：《封氏闻见记校注》，中华书局，2005年，第53-54页。
② 曾枣庄，刘琳：《全宋文》，上海辞书出版社，安徽教育出版社，2006年，第252页。

女子相扑活动的，这些活动在他眼里都是一种有违于人伦道德的伤风败俗之举，因此必须受到严厉的禁止和取缔。

古人对于博戏一类的活动最为痛恨，许多人都将博戏活动看成是一种会使个人走向堕落，使国家走向衰亡的罪恶之举，因此有关这方面的批判之词非常之多。明申涵光《荆园小语》云："至近日马吊牌，始于吴中，渐延都下，穷日累夜，纷然若狂……吾第见废时失事，劳精耗财，每一战毕，冒冒然目昏体惫，不知其趣安在哉。"认为玩马吊牌之类的博戏，既浪费时间，又耗费精力财力，对人没有一点好处。中国历史上曾有一个非常痛恨博戏的人物是晋代名将陶侃，他的幕僚们成天迷恋于樗蒲博戏，陶侃见后，抓起博具将其投入江中，并将樗蒲斥为"牧猪奴戏"。

古代历史上另一个非常痛恨博戏的人，是清代文学家尤侗。他写了一篇洋洋千言的"戒赌文"，对博戏各种罪状一一列举，其文云："天下之恶，莫过于赌。牧猪奴戏，陶公所怒。一掷百万，刘毅何苦！今有甚焉，打马斗虎。群居终日，一班水浒。势如劫盗，术比贪贾。口哆目张，足蹈手舞。败固索然，胜亦何取？约有三费，未可枚举，既卜其昼，又卜其夜。寝尚未遑，食且无暇。不见日斜，宁闻漏下？谨畋辟寒，袒跣消夏……"①因文章颇长，此处不一一引用。尤侗在文章中指出博戏具有费时、费心、费财、近盗、诲淫、衅杀等各种罪恶，它们都会给人带来极大的危害，因此必须戏严加禁止。

古代的普通老百姓中也常常有人对博戏活动表现出极大的憎恨和否定。他们经常在一些民间文学作品中反对博戏，并揭示出博戏

---

① 徐珂：《清稗类钞》，中华书局，2010年版，第4884页。

的种种危害性。例如，敦煌曲子词中有这样的歌谣："饮酒妨生计，樗蒲必破家。但看此等色，不久作穷查。"[①]把樗蒲与破家、作鬼同语，足见民间对樗蒲的痛恨。在《孔子项托相问书》这部民间文学作品中，作者对于博戏的批判态度更为坚决。它是通过圣人孔子和小儿项托两人的对话来表现这种思想的："夫子曰：'吾车中有双陆局，共汝博戏如何？'小儿答曰：'吾不博戏也。天子好博，风雨失期。诸侯好博，国事不治。吏人好博，文案稽迟。农人好博，耕种失时。学生好博，忘读诗书，小儿好博，笞挞及之。此是无益之事，何用学之'。"[②]文章中巧妙地利用小儿给予孔子的回答，指出了博戏给人带来的种种危害，对博戏这种"无益之事"进行了严厉的批判。当然，这并不是真实的历史，只是古代民间借用名人的名义来发表自己见解的一种方式。但是借助着这样的作品，我们却可以清楚地看到古代群众对于博戏秉持的态度。

---

① ［唐］寒山：《寒山诗注》，中华书局，2000 年版，第 374 页。
② 郭沂：《子曰全集》，中华书局，2017 年版，第 925 页。

参考文献

［春秋］左丘明：《左传》，中华书局，1978 年版。

［汉］司马迁：《史记》，中华书局，1982 年版。

［宋］李昉：《太平广记》，中华书局，1961 年版。

［梁］宗懔：《荆楚岁时记》，中华书局，2018 年版。

［唐］杜佑：《通典》，中华书局，1988 年版。

［唐］段成式：《酉阳杂俎校笺》，中华书局，2015 年版。

［唐］李延寿：《南史》，中华书局，1975 年版。

［唐］刘𫗧，张鷟：《隋唐嘉话　朝野金载》，中华书局，1979
年版。

［唐］牛僧孺：《玄怪录》，中华书局，2008 年版。

［唐］欧阳询：《艺文类聚》，中华书局上海编辑所，1965 年版。

［唐］魏徵：《隋书》，中华书局，1973 年版。

［五代］王仁裕：《开元天宝遗事》，中华书局，2006 年版。

［后晋］刘昫：《旧唐书》，中华书局，1975 年版。

［北宋］欧阳修，宋祁：《新唐书》，中华书局，1975 年版。

［北宋］司马光：《资治通鉴》，中华书局，1956 年版。

［元］马端临：《文献通考》，中华书局，2011 年版。

［明］冯梦龙：《冯梦龙民歌集三种注解》，中华书局，2005 年版。

［明］谢肇淛：《五杂俎》，上海书店出版社，2009 年版。

［明］张岱：《陶庵梦忆》，中华书局，2007 年版。

［清］董诰：《全唐文》，中华书局，1983 年版。

［清］顾禄：《清嘉录》，中华书局，2008 年版。

［清］阮元：《十三经注疏》（清嘉庆刊本），中华书局，2009 年版。

［清］伊秉绶：《谈徵》，中华书局，2020 年版。

［清］俞樾：《茶香室丛钞》，中华书局，1995 年版。

杜亚泉：《博史》，上海开明书店，1933 年版。

罗新本，许蓉生：《中国古代赌博习俗》，陕西人民出版社，1994 年版。

尚秉和：《历代社会风俗事物考》，岳麓书社，1991 年版。

徐珂：《清稗类钞》，中华书局，2010 年版。

徐震堮：《世说新语校笺》，中华书局，1954 年版。

杨荫深：《中国游艺研究》，上海文艺出版社，1990 年版。

周振甫：《文心雕龙今译》，中华书局，2013 年版。

后记

　　游戏是人类生活中一种十分重要的文化形式，游戏体现了人类的聪明智慧、技能技巧、审美情趣，同时也反映了人们的思想观念与生活方式。游戏曾经给人带来过许多的乐趣与快慰，但有时也会给人带来烦恼与痛苦。随着时间的流逝，很多游戏形式逐渐式微了，消亡了，但是有关它们的故事，却依然留存在人们的生活世界里。

　　这本书就是记录与书写了那些正在逐渐离我们远去的中国古代游戏故事，在本书的一章章一节节中，不但真实地记录了如蹴鞠、投壶、马球、角抵、相扑、斗禽等中国古代纷繁多样，生动有趣的游戏形式，清明放风筝、端午踏百草、秋天斗蟋蟀、冬天溜冰河等多姿多彩的游戏场景，而且还真实地叙写了许多中国古代形形色色，令人捧腹的游戏轶事，如喜欢斗蟋蟀的皇帝大臣、双手各执一子自己与自己下棋的文人、因斗鸡而得官的小儿、靠游戏而选夫婿的姑娘等。它们为我们展现了一幅长长的中国古代游戏历史画卷，同时也为我们描画了诸多中国古代千姿百态的人间风情。

　　进入 21 世纪以后，随着现代科学技术与信息技术的快速发展，游戏也逐渐被披上了电子化、网络化的外衣，如今，电子游戏、网络游戏铺天盖地地席卷而来，几乎占领了当代社会人们所有的娱乐空间，在它们面前，那些传统的，主要依靠人的本身能力（如力量、智巧、反应、判断等）而进行的游戏形式当然根本无法匹敌，于是便只能选择黯然退场。但是，在这些古老的游戏形式与游戏故事的背后，其实却蕴藏着许多十分珍贵的东西，它们代表了深厚的中华民族文化传统，反映了中华民族曾经走过的历史道路，同时也体现了中华民族风姿绰约的生活风情与精神思想。虽然许多古代游戏的身影已经湮灭了，但是蕴藏于这些古代游戏中的许多生活意蕴与精神思想却是持久的，耀眼的，也是永远值得书写与铭记的。

这本有关中国古代游戏史的小书，便是在这样的认识下写成的。本书在 1997 年由上海文艺出版社出版第一版以后，受到了社会各界的广泛关注与好评，2008 年，此书由上海文艺出版社再版，2023 年，本书又出了韩文版。如今，本书又将由上海交通大学出版社再版，作为作者尤感欣慰。本书此次再版由著名的民俗学、民间文学专家田兆元先生撰写序言，上海交通大学出版社李夕冉担任责任编辑，在此，谨向田兆元先生、上海交通大学出版社以及策划编辑黄强强、李夕冉表示衷心的感谢！

蔡丰明

2024 年 7 月 20 日